학생 · 일반인 · 직장인 · 수험생들의
한자 어휘능력 배가 및 이해능력 향상을 위한
**천자문 교본!!**

**필수**

# 學生
# 千字文

교육부
선정 한자

학 생 천 자 문

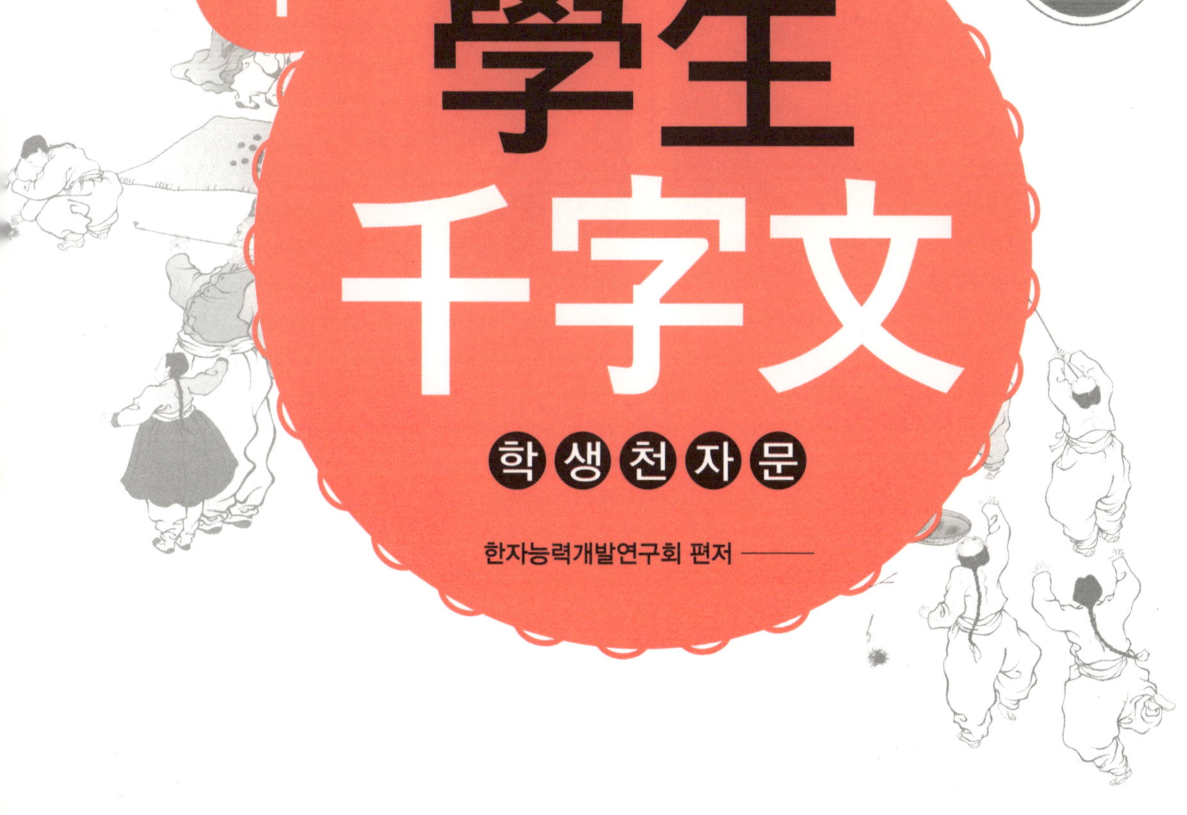

한자능력개발연구회 편저

---

**머리말**

천자문(千字文)은 후한(後漢) 때 종요라는 사람이 썼다고 합니다.(혹자는 주흥사가 썼다고 하지만. 하룻밤에 4행 절귀 250수를 지었기 때문에 까만 머리가 온통 희어져, 천자문의 다른 이름으로는 백수문(白首文), 즉 머리가 하얗게 된 글귀라고도 합니다.

학생 천자문은 천자문에 일어(日語)와 영어(英語)를 병행하여 함께 공부할 수 있게 편집이 되어 있습니다. 자획(字劃)의 하단엔 펜글씨를 상용으로 연습할 수 있도록 연습장이 마련되어 있으며, 다른 어떠한 천자문보다 내실을 기하였습니다. 스피디한 현대의 면학 과정에 발 맞추어 학생 천자문은 독자 제현의 언어 학습에 대단한 도움을 줄 것을 의심치 않습니다.

태을출판사

## ✶ 永字八法 ✶

한자는 여러가지의 점과 획이 있는데 永자는 그 기본이 되는 점을 다 갖추고 있어 서예의 기본이 됨으로 영자팔법이라고 한다.

| 側(측) | 勒(늑) | 努(노) | 趯(적) | 策(책) | 掠(량) | 啄(탁) | 磔(책) |
|---|---|---|---|---|---|---|---|
| ① | ② | ③ | ④ | ⑤ | ⑥ | ⑦ | ⑧ |
| ⟍ | ─ | │ | ⌋ | ╱ | ╱ | ╱ | ╲ |

1 측(側)은 모든「점」의 기본이라, 가로 눕히지 않는다.
2 늑(勒)은 가로긋기이며 수평으로 하지 않는다.
3 노(努)는 내려긋기이며 곧바로 내려 힘을 준다.
4 적(趯)은 갈고리이고 송곳 같은 세력을 요한다.
5 책(策)은 치침이며 우러러 거주면서 살며시 든다.
6 약(掠)은 삐침으로서 왼쪽을 가볍게 흘겨준다.
7 탁(啄)은 짧은 삐침으로 높이 들어 빨리 빼친다.
8 책(磔)을 파임이고, 고요히 대어 천천히 옮긴다.

### ◆ 한자의 필순

하나의 한자를 쓸 때의 바른 순서를 필순 또는 획순이라 한다. 한자는 바른 순서에 따라 쓸 때, 가장 쓰기 쉬울 뿐 아니라 빨리 쓸 수 있고, 쓴 글자의 모양도 아름다와진다

### ◆ 필순의 기본원칙

위에 있는 점·획이나 부분부터 쓰기 시작하여 차츰 아랫부분으로 써내려간다.
三 (一二三)   工 (一ㅜ工)
言 (ㆍㅡㅡㄹㅌ흠言言)
　喜 (一ㅗㅊ흐吉喜喜喜)

### ◆ 왼쪽에서 오른쪽으로

왼쪽에 있는 점·획이나 부분부터 쓰기 시작하여 차츰 오른쪽으로 써 나간다.
川 ( ノ 丿 川)   州 (ㆍ 丬 州)
順 ( ノ 丿 川 順)
側 ( 亻 但 側 側) 測鄉

### ◆ 차례를 바꿔쓰기 쉬운 한자

| 出 | ㅣ ㅛ ㅛ 出 出 ············· ○ |
| (5획) | ㆍ 屮 屮 屮 出 ············· ✕ |
| 臣 | ㅣ 匚 匚 戶 臣 ············· ○ |
| (7획) | 一 匚 匚 戶 臣 ············· ✕ |
| 兒 | ㅣ ㅣㅣ ㅣㅣㅣ ㅣㅣ ㅌ 兒 ············· ○ |
| (8획) | ㄱ ㄲ ㅂ ㅂ ㅌ 兒 ············· ✕ |

| 天 | 一二チ天 | 하늘 천<br>sky<br>스카이<br>そら（テン）<br>소라(텐) | 宇 | 丶宀宇 | 집 우<br>house<br>하우스<br>いえ（ウ）<br>이에(우) |
|---|---|---|---|---|---|
| 天 | | | 宇 | | |
| 地 | 一十土カ地地 | 따 지<br>earth<br>어쓰<br>つち（ジ）<br>쯔찌(지) | 宙 | 广宀宙宙 | 집 주<br>house<br>하우스<br>いえ（チュウ）<br>이에(쮸-) |
| 地 | | | 宙 | | |
| 玄 | 丶亠玄玄 | 검을 현<br>black<br>블랙<br>くろい（ゲン）<br>구로이(겐) | 洪 | 氵广洪洪洪 | 넓을 홍<br>vast<br>배스트<br>ひろい（コウ）<br>히로이(고-) |
| 玄 | | | 洪 | | |
| 黃 | 卄芒芦荁黃 | 누를 황<br>yellow<br>옐로우<br>きいろい（コウ）<br>기이로이(고-) | 荒 | 卄芏芹荒 | 거칠 황<br>wild<br>와일드<br>あれる（コウ）<br>아레루(고-) |
| 黃 | | | 荒 | | |
| 하늘은 검고, 땅은 누르다. | | | 우주는 크고 넓기가 한이 없다. | | |

父生我身 (부생아신) 아버지께서 내 몸을 낳게 하시고
母鞠吾身 (모국오신) 어머니께서 내 몸을 기르셨다.

| | | | |
|---|---|---|---|
| 日 | 一口日日 | 날 일<br>sun<br>썬<br>ひ(ニチ)<br>히(니찌) | 辰 | 一厂厂戶辰辰 | 별 진<br>star<br>스타<br>ほし(シン)<br>호시(신) |
| 日 | | | 辰 | | |
| 月 | 丿刀月月 | 달 월<br>moon<br>문<br>つき(ゲツ)<br>쯔끼(게쯔) | 宿 | 宀宀宁宿宿宿 | 잘 숙<br>lodge<br>롯지<br>やどる(ツユク)<br>야도루(슈꾸) |
| 月 | | | 宿 | | |
| 盈 | 丿乃及叒盈盈 | 찰 영<br>full<br>풀<br>みちる(エイ)<br>미찌루(에이) | 列 | 一ァ歹列列 | 벌릴 렬<br>line up<br>라인업<br>つらなる(レツ)<br>쯔라나루(레쯔) |
| 盈 | | | 列 | | |
| 昃 | 日日日尸尽昃 | 기울 측<br>decline<br>디클라인<br>かたむく(ソク)<br>가따무꾸(소꾸) | 張 | 弓弓弘引張張張 | 벌일 장<br>spread<br>스프레드<br>はる(チョウ)<br>하루 (죠우) |
| 昃 | | | 張 | | |
| 해는 서쪽으로 기울고, 달도 차면 기운다. | | | 별들이 하늘에 벌리어 있다. | | |

腹以懷我 (복이회아) 배로서 나를 품으셨고,
乳以補我 (유이보아) 젖으로써 나를 먹이셨고,

추위가 오고, 더위가 간다.

가을에 거두어서 겨울 동안 저장한다.

以衣溫我 (이의온아) 옷으로써 나를 따뜻이 했고,
以食活我 (이식활아) 음식으로써 나를 키우셨다.

| 閏 | 윤달 윤 leap-year 리프 이어 うるう(ジュン) 우루우(준) | 律 | 법칙 률 law 로우 のり(リツ) 노리(리쯔) |
|---|---|---|---|
| 閏 | | 律 | |
| 餘 | 남을 여 remain 리메인 あまる(ヨ) 아마루(요) | 呂 | 법칙 려 law 로우 よく(リョ) 요꾸(료) |
| 餘 | | 呂 | |
| 成 | 이룰 성 accomplish 어컴플리시 なる(セイ) 나루(세이) | 調 | 고를 조 harmonize 하모나이즈 ととのう(チョウ) 도또노오 (쬬-) |
| 成 | | 調 | |
| 歲 | 해 세 age 에이지 とし(サイ) 도시(사이) | 陽 | 볕 양 sunny 써니 ひ(ヨウ) 히(요-) |
| 歲 | | 陽 | |
| 이십 사 절기의 나머지 시각을 모아서 해를 이루다. | | 율여는 천지간의 양기를 고르게 하니, 율은 양이요, 여는 음이다. | |

恩高如天 (은고여천) 은혜가 높기는 하늘과 같고,
德厚似地 (덕후사지) 덕이 두텁기는 땅과 같으니,

구름이 하늘에 올라 비가 된다.

이슬이 맺히니 서리가 된다.

爲人子者(위인자자)  사람의 자식된 자로서
曷不爲孝(갈불위효)  어찌 효도를 다하지 않겠는가.

| 欲報深恩(욕보심은) | 깊은 은혜를 갚고자 한다면 |
| 昊天罔極(호천망극) | 하늘처럼 다할 수 없다. |

| | | | |
|---|---|---|---|
| 劍 | 칼 검<br>sword<br>스워드<br>^ ㅅ 슈 僉 劍 劍<br>つるき（ケン）<br>쓰루끼（겐） | 珠 | 구슬 주<br>pearl<br>펄<br>二 王 쥬 珠 珠<br>たま（シュ）<br>다마（슈） |
| 劍 | | 珠 | |
| 號 | 이름 호<br>name<br>네임<br>口 呼 呼 號 號 號<br>さけぶ（ゴウ）<br>사께부（고ー） | 稱 | 일컬을 칭<br>call<br>콜<br>禾 秆 秆 稱 稱 稱<br>となえる（ショウ）<br>도나에루（쇼ー） |
| 號 | | 稱 | |
| 巨 | 클 거<br>great<br>그레이트<br>一 厂 匞 巨<br>おおきい（キョ, コ）<br>오오끼이（교, 고） | 夜 | 밤 야<br>night<br>나이트<br>一 亠 广 夜 夜<br>よる（ヤ）<br>요루（야） |
| 巨 | | 夜 | |
| 闕 | 집 궐<br>palace<br>팰리스<br>門 門 門 闕 闕<br>きゅうしょう（ケツ）<br>규ー조ー（게쯔） | 光 | 빛 광<br>light<br>라이트<br>丨 ⺌ ⺌ 业 光 光<br>ひかり（コウ）<br>히까리（고ー） |
| 闕 | | 光 | |
| 거궐은 칼의 이름이니, 구야자가 만든 보검이다. | | 밤에도 빛나는 구슬이 있으니 야광이라고 이름한다. | |
| 父母呼我(부모호아)　부모께서 나를 부르시면<br>唯而趨之(유이추지)　곧 대답하고 달려갈 것이며, | | | |
| | | | |

과실 중에서 오얏과 벗의 맛이 으뜸이니, 과연 진미이다.

나물에는 겨자와 생강이 중하다.

父母之命(부모지명) 부모의 명령은
勿逆勿怠(물역물태) 거역하지 말고 게을리도 하지 말라.

| 海 | 氵汒海海 | 바다 해<br>sea<br>시<br>うみ（カイ）<br>우미（가이） | 鱗 | 魚魚鱗鱗鱗 | 비늘 린<br>scale<br>스케일<br>うろこ（リン）<br>우로꼬（린） |
|---|---|---|---|---|---|
| 海 | | | 鱗 | | |
| 鹹 | 𠂉肉鹵鹹鹹 | 짤 함<br>salty<br>쏠티<br>しおからい（カン）<br>시오가라이（간） | 潛 | 氵汁浐潛潛 | 잠길 잠<br>immerse<br>이머스<br>ひそむ（セン）<br>히소무（센） |
| 鹹 | | | 潛 | | |
| 河 | 氵氵氵河河 | 물 하<br>river<br>리버<br>かわ（カ）<br>가와（가） | 羽 | ㄱㄱ羽羽羽 | 깃 우<br>feather<br>패더<br>はね（ワ）<br>하네（와） |
| 河 | | | 羽 | | |
| 淡 | 氵氵沙淡淡 | 싱거울 담<br>insipid<br>인시피드<br>あわい（タン）<br>아와이（단） | 翔 | 羊羊判翔翔 | 날개 상<br>wing<br>윙<br>かける（ショウ）<br>가께루（쇼ー） |
| 淡 | | | 翔 | | |

| 바닷물은 짜고, 민물은 맛이 없다. | 비늘 있는 고기는 물 속에 잠기고, 새는 날개가 있어서 하늘에 난다. |
|---|---|

侍坐親前（시좌친전）　어버이 앞에 모시고 앉을 때는 몸을 바르게 하고,
勿踞勿臥（물거물와）　걸터앉지 말고 눕지도 말라.

용사와 화제는 위대한 두 임금을 칭하는 이름이다. 조관과 인황은 고대 중국의 두 임금이다.

對案不食 (대안불식) 밥상을 대하고 먹지 않는 것은
思得良饌 (사득양찬) 좋은 반찬을 생각하는 것이다.

| 始 | 女女妒妒始始 | 비로소 시<br>begin<br>비긴<br>はじめ(シ)<br>하지메(시) | 乃 | ノア乃 | 이에 내<br>namely<br>네임리<br>すなわち(ナイ)<br>스나와찌(나이) |
|---|---|---|---|---|---|
| 始 | | | 乃 | | |
| 制 | 一二午年制制 | 지을 제<br>make<br>메이크<br>つくる(セイ)<br>쯔꾸루(세이) | 服 | 月月肌服服 | 입을 복<br>clothes<br>클로시스<br>きもの(フク)<br>기모노(후꾸) |
| 制 | | | 服 | | |
| 文 | 一亠ナ文 | 글월 문<br>literature<br>리터레츄어<br>もじ(ブン, モン)<br>모지(분, 몬) | 衣 | 一亠ナ衣衣衣 | 옷 의<br>clothes<br>클로시스<br>きもの(イ)<br>기모노(이) |
| 文 | | | 衣 | | |
| 字 | 丶丷宀宀字字 | 글자 자<br>letter<br>레터<br>もじ(シ)<br>모지(시) | 裳 | 冖 當 堂 掌 裳 | 치마 상<br>skirt<br>스커트<br>もすそ(ショウ)<br>모스소(쇼-) |
| 字 | | | 裳 | | |
| 비로소 문자를 만들고, | | | 의복을 지어 입다. | | |

父母有病 **(부모유병)** 부모께 병환이 있으시거든
憂而謀療 **(우이모료)** 근심하며 치료할 것을 꾀할 것이고,

| 推 | 밀 추<br>push<br>푸쉬<br>おす(スイ)<br>오스(스이)<br>一十扌扌护护推推 | 有 | 있을 유<br>exist<br>이그지스트<br>ある, また(コウ)<br>아루, 마따(고-)<br>一ナオ冇冇有 |
|---|---|---|---|
| 推 | | 有 | |
| 位 | 벼슬 위<br>position<br>포지션<br>くらい(イ)<br>구라이(이)<br>ノ亻亻什付位位 | 虞 | 나라 우<br>name of state<br>네임 오브 스테이트<br>くにのな(グ)<br>구니노나(구)<br>广户虍虐虞虞 |
| 位 | | 虞 | |
| 讓 | 사양 양<br>yield<br>일드<br>ゆずる(ジョウ)<br>유즈루(죠-)<br>言言言評評讓讓 | 陶 | 질그릇 도<br>porcelain<br>포스레인<br>すえ(トウ)<br>스에(도-)<br>阝阝阝阡阡陶陶 |
| 讓 | | 陶 | |
| 國 | 나라 국<br>nation<br>네이션<br>くに(コク)<br>구니(고꾸)<br>冂冋囯國國國 | 唐 | 나라 당<br>name of state<br>くにのな(トウ)<br>广户户庐庐唐唐 |
| 國 | | 唐 | |
| 벼슬을 미루고 나라를 사양하니, | | 유우는 순 임금을 일컬음이요, 도당은 요임금을 일컬음이다. | |

**裹糧以送 (과량이송)** 양식을 싸서 보내 주시면
**勿懶讀書 (물라독서)** 독서하기를 게을리 하지 말라.

| | | | | |
|---|---|---|---|---|
| 弔 | ㄱㄱ弓弔 | 조상 조<br>condole<br>콘돌<br>とむらう(チョウ)<br>도무라우(죠ー) | 周 | 冂月月用周周<br>두루 주<br>turn round<br>턴 라운드<br>めぐる(シュウ)<br>메구루(슈ー) |
| 弔 | | | 周 | |
| 民 | ㄱㄱ尸尸民 | 백성 민<br>people<br>피플<br>たみ(ミン)<br>다미(민) | 發 | ノノ癶癶癶發發<br>필 발<br>issue : rise<br>이슈 : 라이즈<br>おこる(ハツ)<br>오고루(하쯔) |
| 民 | | | 発 | |
| 伐 | ノイ亻代伐伐 | 칠 벌<br>attack<br>어태크<br>うつ(バツ)<br>우쯔(바쯔) | 殷 | 厂戶身身殷殷<br>나라 은<br>name of state<br>네임 오브 스테이트<br>くにのな(イン)<br>구니노나(인) |
| 伐 | | | 殷 | |
| 罪 | ㄱ罒罒罪罪罪 | 허물 죄<br>sin<br>신<br>つみ(サイ)<br>쯔미(사이) | 湯 | 氵汨汨湯湯湯<br>끓을 탕<br>boil<br>보일<br>ゆ(トウ)<br>유(도ー) |
| 罪 | | | 湯 | |

백성을 사랑하여 위문하고, 죄를 벌하다.                    발은 주나라를 세웠고, 탕은 은나라의 임금이다.

父母唾痰 (부모타담)　부모님의 침이나 가래는
每必覆之 (매필부지)　반드시 매번 덮어야 하며,

| | | | |
|---|---|---|---|
| 坐<br>坐 | ノ人ㅅㅆ坐坐 | 앉을 좌<br>sit<br>씻<br>すわる(ザ)<br>스와루(자) | 垂<br>垂 | 一二产爭垂垂 | 드릴 수<br>hang down<br>행 다운<br>たれる(スイ)<br>다레루(스이) |
| 朝<br>朝 | 十古ㅎ훀朝朝 | 아침 조<br>morning<br>모닝<br>あさ(チョウ)<br>아사(쬬—) | 拱<br>拱 | 一十才才井拱拱 | 팔장낄 공<br>fold one's arms<br>폴드 원스 암스<br>こまぬく(キョウ)<br>고마누꾸(교—) |
| 問<br>問 | ㅣㄇ門門門問 | 물을 문<br>ask<br>에스크<br>とう(モン)<br>도우(몬) | 平<br>平 | 一アぅ亚平 | 편할 평<br>even : peaceful<br>이븐 : 피스플<br>たいら(ヘイ)<br>다이라(헤이) |
| 道<br>道 | 丷丷产首首道 | 길 도<br>road<br>로드<br>みち(ドウ)<br>미찌(도—) | 章<br>章 | 亠ㅗ쵸音音章 | 글 장<br>writing<br>라이팅<br>ふみ(ショウ)<br>후미(쇼—) |

조정에 앉아서, 치국의 도를 묻다. | 임금에게 덕이 있으니, 팔짱을 끼고 편히 나라를 다스렸다.

若告西適 (약고서적) 서쪽으로 간다고 말씀드리고
不復東性 (불복동성) 동쪽으로 가지는 말라.

백성을 사랑으로 기르다(다스리다).

변방의 오랑캐들이 신하로서 복종하다.

出必告之(출필고지) 밖으로 나갈 때에는 반드시 고하고,
返必拜謁(반필배알) 돌아와서는 반드시 뵙고,

| | | | |
|---|---|---|---|
| 遐 | ㄱ ㅏ ㅏ ㅏ 叚 叚 遐 | 멀 하<br>distant<br>디스턴트<br>とおい(カ)<br>도오이(가) | 率 | 一玄玄玄玄率 | 거느릴 솔<br>command<br>코맨드<br>ひきいる(ソツ)<br>히끼이루(소쯔) |
| 遐 | | | 率 | | |
| 邇 | 一而爾爾邇邇 | 가까울 이<br>nearby<br>니어바이<br>ちかい(ジ)<br>찌까이(지) | 賓 | 宀宀宊宊賓賓 | 손 빈<br>guest<br>게스트<br>おきゃく(ヒン)<br>오갸꾸(힌) |
| 邇 | | | 賓 | | |
| 壹 | 士声壺壹壹壹 | 한 일<br>one<br>원<br>ひとつ(イチ)<br>히도쯔(이찌) | 歸 | 自自皈皈歸歸 | 돌아갈 귀<br>return<br>리턴<br>かえる(キ)<br>가에루(기) |
| 壹 | | | 歸 | | |
| 體 | 骨骨體體體體 | 몸 체<br>body<br>바디<br>からだ(タイ)<br>가라다(다이) | 王 | 一T王王 | 임금 왕<br>king<br>킹<br>きみ(オウ)<br>기미(오―) |
| 体 | | | 王 | | |

멀고 가까운 데가 한몸이 되니, 　　　　　　　덕을 그리워하여 왕에게로 귀순하였다.

立則視足 (입즉시족) 　서서는 반드시 발을 보고,
坐則視膝 (좌즉시슬) 　앉아서는 반드시 무릎을 보라.

성인이 세상에 나오니,

그 덕이 짐승에 까지 미쳐서, 흰 망아지가 한가로이 풀을 뜯는다.

昏必定褥 (혼필정욕) 저녁에는 반드시 자리를 정하고,
晨必省候 (신필성후) 새벽에는 반드시 안후를 살피라.

| | | | |
|---|---|---|---|
| 化 | ノイ化 | 화합 화<br>change<br>체인지<br>かえる(カ, ケ)<br>가에루(가, 게) | 賴 | 束 東 新 新 賴 賴 | 힘입을 뢰<br>trust to<br>츄러스트 투<br>たのむ(ライ)<br>다노무(라이) |
| 化 | | | 賴 | | |
| 被 | ⺍衤衤衤衤衤被被 | 입을 피<br>receive<br>리씨브<br>きる(ヒ)<br>기루(히) | 及 | ノ乃及 | 미칠 급<br>reach<br>리취<br>およぶ(キュウ)<br>오요부(규-) |
| 被 | | | 及 | | |
| 草 | 艹艹丱丱甘苜草 | 풀 초<br>grass<br>그래스<br>くさ(ソウ)<br>구사(소-) | 萬 | 艹艹丱艹芦萬萬 | 일만 만<br>ten thousand<br>텐 싸우전드<br>よろず(マン)<br>요로즈(만) |
| 草 | | | 萬 | | |
| 木 | 一十才木 | 나무 목<br>wood<br>우드<br>き(モク)<br>기(모꾸) | 方 | '亠方方 | 모 방<br>square<br>스퀘어<br>かた(ホウ)<br>가따(호-) |
| 木 | | | 方 | | |

덕을 베풂이 초목처럼 무성하니,  　　　신뢰함이 만방에까지 닿았다.

父母愛之 (부모애지)　부모께서 나를 사랑하시거든
喜而勿忘 (희이물망)　기뻐하며 잊지 말고,

| 蓋 | 덮을 개 cover 커버 ふた(ガイ) 후따(가이) | 四 | 넉 사 four 포어 よっつ(シ) 욧쯔(시) |
|---|---|---|---|
| 此 | 이 차 this 디스 これ(シ) 고레(시) | 大 | 큰 대 big; great 빅 : 그레이트 おおきい(タイ) 오-끼이(다이) |
| 身 | 몸 신 body 바디 からだ(シン) 가라다(신) | 五 | 다섯 오 five 파이브 いつつ(ゴ) 이쯔쯔(고) |
| 髮 | 터럭 발 hair 헤어 かみ(ハツ) 가미(하쯔) | 常 | 항상 상 permanent 퍼머넌트 つね(ジョウ) 쯔네(죠-) |

대개, 몸과 터럭은,   물질적인 네 가지 요소와 다섯 가지 정신적인 요소로 이루어졌다.

父母惡之 (부모오지) 부모께서 나를 미워하시더라도
懼而無怨 (구이무원) 두려워할 뿐 원망하지 말아라.

| 恭 | 공손 공 respectful 리스펙트풀 うやうやしい(キョウ) 우야우야시이(교-) | 豈 | 어찌 기 how 하우 あに(キ) 아니(기) |
|---|---|---|---|
| 惟 | 오직 유 only 온리 ただ, おもう(イ,ユイ) 다다 오모우(이, 유) | 敢 | 감히 감 dare 대어 あえて(カン) 아에떼(간) |
| 鞠 | 기를 국 nourish 너리쉬 やしなう(キク) 야시나우(기꾸) | 毀 | 헐 훼 ruin 루인 やぶれる(キ) 야부레루(기) |
| 養 | 기를 양 bring up 브링 엎 やしなう(ヨウ) 야시나우(요-) | 傷 | 상할 상 injure 인쥬어 きずつく(ショウ) 기즈쯔꾸(쇼-) |

엄숙히 길러 주시니,   어찌 감히 그 몸을 상하게 하겠는가.

**行勿慢步 (행물만보)** 걸음을 거만하게 걷지 말고,
**坐勿倚身 (좌물의신)** 앉을 때에는 몸을 기대지 말고,

| | | | |
|---|---|---|---|
| 女 | 계집 녀 female 휘메일 おんな(ジョ) 온나(죠) ㄥ 女女 | 男 | 사내 남 male 메일 おとこ(ダン) 오도꼬(단) 「「ㅁ田甲男 |
| 女 | | 男 | |
| 慕 | 사모 모 longing 롱잉 したう(ボ) 시따우(보) 一 艹 苩 莫 慕 慕 | 效 | 본받을 효 imitate 이미테이트 ききめ(コウ) 기끼메(고ー) 亠 六 亥 効 効 |
| 慕 | | 效 | |
| 貞 | 곧을 정 chaste 췌이스트 ただし(テイ) 다다시(데이) 一 宀 卢 貞 貞 | 才 | 재주 재 talent 탤런트 さいのう(サイ) 사이노우(사이) 一 十 才 |
| 貞 | | 才 | |
| 烈 | 매울 렬 violent 바이올런트 はげしい(レツ) 하게시이(레쯔) 一 ア 歹 列 列 烈 | 良 | 어질 량 good 굳 よい(リョウ) 요 이(료ー) 一 ㄱ ㅋ 皀 良 良 |
| 烈 | | 良 | |

여자는 정열을 사모하고, 남자는 훌륭한 재능을 본받아야 한다.

勿立門中 (물립문중) 문 가운데에는 서지 말고,
勿坐房中 (물좌방중) 방 한가운데에는 앉지 말라.

| 知 | ㄥ ㄠ 矢 知 知<br>알 지<br>know<br>노우<br>しる (ジ)<br>시루 (지) | 得 | 彳 彳日 得 得 得<br>얻을 득<br>gain<br>게인<br>える (トク)<br>에루 (도꾸) |
|---|---|---|---|
| 知 | | 得 | |
| 過 | 冂 冂 咼 咼 過 過<br>허물 과<br>fault<br>폴트<br>すぎる (カ)<br>스기루 (가) | 能 | 厶 台 台 能 能 能<br>능할 능<br>able to<br>에이블 투<br>よく, よくする (ノウ)<br>요꾸, 요꾸스루 (노—) |
| 過 | | 能 | |
| 必 | 、 ソ 必 必 必<br>반드시 필<br>surely<br>슈어리<br>かならず (ヒツ)<br>가나라즈 (히쯔) | 莫 | 艹 艹 苩 草 草 莫 莫<br>말 막<br>negative<br>네가티브<br>ない (バク)<br>나이 (바꾸) |
| 必 | | 莫 | |
| 改 | 乙 己 己 己口 改 改<br>고칠 개<br>change<br>체인지<br>あらためる (カイ)<br>아라따메루 (가이) | 忘 | 一 亡 亡 忘 忘 忘<br>잊을 망<br>forget<br>퍼겓<br>わすれる (ボウ)<br>와스레루 (보—) |
| 改 | | 忘 | |

허물을 알면 반드시 고치고,      능히 도를 얻었으면, 잊지 말아야 한다.

鷄鳴而起 (계명이기) 닭이 우는 새벽에 일어나서
必盥必漱 (필관필수) 반드시 세수하고 양치할 것이며,

남의 단점을 말하지 말며,

나의 장점을 과신하지 말라.

言語必愼(언어필신) 말은 반드시 삼가하여 하고,
居處必恭(거처필공) 거처는 반드시 공손하게 하라.

| 信 | 亻亻亻信信信<br>믿을 신<br>truth<br>츄루쓰<br>しんじる(シン)<br>신지루(신) | 器 | 口口品哭器器<br>그릇 기<br>vessel<br>벳쓸<br>うつわ(キ)<br>우쯔와(기) |
|---|---|---|---|
| 信 | | 器 | |
| 使 | 亻亻亻亻使使<br>하여금 사<br>employ<br>임플로이<br>つかう(シ)<br>쯔까우(시) | 欲 | 八公谷谷欲欲<br>하고자할 욕<br>desire<br>디자이어<br>ほしい(ヨク)<br>호시이(요꾸) |
| 使 | | 欲 | |
| 可 | 一丁丁口可可<br>옳을 가<br>right<br>라이트<br>よい(カ)<br>요이(가) | 難 | 廿莫莫難難難<br>어려울 난<br>difficult<br>디프컬트<br>むづかしい(ナン)<br>무즈까시이(난) |
| 可 | | 難 | |
| 覆 | 一西要覆覆覆<br>엎을 복<br>overturn<br>오버턴<br>くつがえす(フク)<br>구쯔가에스(후꾸) | 量 | 口日旦昌量量<br>헤아릴 량<br>measure<br>메져<br>はかる(リョウ)<br>하까루(료ー) |
| 覆 | | 量 | |
| 믿음 있는 일은 되풀이 행하고, | | 사람의 기량은 남이 모를 만큼 커야 한다. | |

始習文字 (시습문자) 비로소 글자를 배우게 되거든
字劃楷正 (자획해정) 글자의 자획을 바르게 하라.

| 墨 | 먹 묵<br>ink<br>잉크<br>すみ(ボク)<br>스미(보꾸) | 詩 | 글 시<br>poetry<br>포엣트리<br>し(シ)<br>시(시) |
|---|---|---|---|
| 墨 | | 詩 | |
| 悲 | 슬플 비<br>sad<br>새드<br>かなしい(ヒ)<br>가나시이(히) | 讚 | 기릴 찬<br>praise<br>프레이즈<br>ほめる(サン)<br>호메루(산) |
| 悲 | | 讚 | |
| 絲 | 실 사<br>thread<br>스레드<br>いと(シ)<br>이또(시) | 羔 | 염소 고<br>lamb<br>램<br>やぎ(コウ)<br>야기(고ー) |
| 絲 | | 羔 | |
| 染 | 물들 염<br>dye<br>다이<br>そめる(セン)<br>소메루(센) | 羊 | 양 양<br>sheep<br>쉽<br>ひつじ(ヨウ)<br>히쯔지(요ー) |
| 染 | | 羊 | |
| 묵적은 흰 실에 물이 드는 것을 보고 슬퍼했고, | | 시경은 고양편의 순일함을 찬양했다. | |

父母之年 (부모지년) 부모님의 나이는
不可不知 (불가부지) 알지 않으면 안 되며,

행동을 빛나게 하면 곧 현인이요,

열심히 도의를 생각하면 성인이 될 수 있다.

飮食雅悪 (음식아악) 음식이 비록 나쁘더라도
與之必食 (여지필식) 주시면 반드시 먹어야 하고,

| 德 | 彳彳彳彳德德德 | 큰 덕<br>virtue<br>버츄<br>とく(トク)<br>도꾸(도꾸) | 形 | 二チ开形形 | 형상 형<br>form<br>폼<br>かたち(ケイ)<br>가따찌(게이) |
|---|---|---|---|---|---|
| 德 | | | 形 | | |
| 建 | ㅋㅋ 聿 聿 律 建 建 | 세울 건<br>build<br>빌드<br>たてる(ケン)<br>다떼루(겐) | 端 | 亠立 产产端端 | 끝 단<br>edge<br>에지<br>はし(タン)<br>하시(단) |
| 建 | | | 端 | | |
| 名 | ノクタタ名名 | 이름 명<br>name<br>네임<br>なまえ(メイ)<br>나마에(메이) | 表 | 一 丰 主 表 表 表 | 겉 표<br>surface<br>써피스<br>おもて(ヒョウ)<br>오모떼(효-) |
| 名 | | | 表 | | |
| 立 | 丶 亠 亠 立 立 | 설 립<br>stand<br>스탠드<br>たつ(リッ)<br>다쯔(리쯔) | 正 | 一 丅 下 正 正 | 바를<br>right<br>라이트<br>ただしい(セイ)<br>다다시이(세이) |
| 立 | | | 正 | | |
| 덕을 성취하면 그 이름이 세상에 나타나니, | | | 이것은 마치 모습이 바르면 그 그림자 역시 바른 이치와 같다. | | |

衣服雖惡(의복아악)  의복이 비록 나쁘더라도
與之必着(여지필착)  주시면 반드시 입어라.

군자의 당당한 소리는 골짜기의 울림과 같이 퍼져나가며,

허당에서 소근대는 말 역시 어느덧 세상에 알려진다.

衣服帶鞋 (의복대혜)  의복과 혁대와 신발은
勿失勿裂 (물실물열)  잃어버리지도 말고 찢지도 말 것이며,

| 禍 | 재앙 화 calamity<br>컬레미티<br>わざわい (カ)<br>와자와이 (가) | 福 | 복 복 blessing<br>블레씽<br>さいわい (フク)<br>사이와이 (후꾸) |
|---|---|---|---|
| 禍 | | 福 | |
| 因 | 인할 인 in consequence of<br>인 컨시컨스 오브<br>よる (イン)<br>요루 (인) | 緣 | 인연 연 affinity<br>어피니티<br>いんねん (エン)<br>인넨 (엔) |
| 因 | | 緣 | |
| 惡 | 모질 악 bad<br>배드<br>にくむ (オ)<br>니꾸무 (오) | 善 | 착할 선 good<br>굳<br>よい (セン)<br>요이 (센) |
| 惡 | | 善 | |
| 積 | 쌓을 적 store up<br>스토 업<br>つむ (セキ)<br>쯔무 (세끼) | 慶 | 경사 경 happy event<br>해피 이벤트<br>けいする (ケイ)<br>게이스루 (게이) |
| 積 | | 慶 | |
| 화는 악덕을 쌓음으로 하여 일어나고, | | 복은 착하고 경사스러운 일로 말미암아 일어난다. | |

寒不敢襲 (한불감습) 춥다고 하여서 감히 옷을 껴입지 말고,
署勿寒裳 (서물한상) 덥다고 하여서 치마를 걷지 말라.

| | | | |
|---|---|---|---|
| 尺 | ㄱㄹ尺<br>자 척<br>ruler<br>룰러<br>ものさし(シャク)<br>모노사이(샤꾸) | 寸 | 一十寸<br>마디 촌<br>inch<br>인치<br>すん(スン)<br>슨(슨) |
| 尺 | | 寸 | |
| 璧 | 目睁睁壁壁壁<br>구슬 벽<br>jade<br>제이드<br>かべ(ヘキ)<br>가베(헤끼) | 陰 | ⁊阝阝阝阝阝陰陰<br>그늘 음<br>shade<br>쉐이드<br>かげ(イン)<br>가게(인) |
| 璧 | | 陰 | |
| 非 | ノㅋㅋ丬非非<br>아닐 비<br>not<br>낫트<br>あらず(ヒ)<br>아라즈(히) | 是 | 日旦早早是是<br>이 시<br>this<br>디스<br>これ(ゼ)<br>고레(제) |
| 非 | | 是 | |
| 寶 | 宀宀宓宓寶寶寶<br>보배 보<br>treasure<br>트레져<br>たから(ホウ)<br>다까라(호ー) | 競 | 立音音竟競競<br>다툴 경<br>compete<br>컴피트<br>たたかう(クイ)<br>다따까우(구이) |
| 寶 | | 競 | |
| 한 자나 되는 진귀한 벽옥이 보배가 아니니, | | 극히 짧은 시간도 이를 다투어야 한다. | |

夏則扇枕 (하즉선침)  여름에는 부모님께서 베개 베신 데를 부채질하여 드리고
冬則溫被 (동즉온피)  겨울에는 이불을 따뜻하게 하여 드려라

아비를 섬기는 마음으로 나라를 섬기며,

공경함과 더불어 삼가야 한다.

侍坐親側 (시좌친측) 어버이 곁에 모시고 앉을 때에는
進退必恭 (진퇴필공) 나아가고 물러감을 반드시 공손히 하고,

| 孝 | ⺍⺌竹笁笋策 효도 효<br>filial piety<br>플랜<br>こうこう(コウ)<br>하까리고또(사꾸) | 忠 | ⺌甘昔革勒勒 충성 충<br>loyalty<br>카브<br>まごころ(チコウ)<br>기자무(리꾸) |
|---|---|---|---|
| 孝 | | 忠 | |
| 當 | 一丁工功 마땅 당<br>suitable<br>서어비스<br>あたる(トウ)<br>이사오(구) | 則 | 厂石矿砷碑 곧 즉<br>rule<br>모뉴먼트<br>のり(ソク)<br>이시부미(히) |
| 當 | | 則 | |
| 竭 | ⺾芇芞茂茂 다할 갈<br>exhaust<br>플러리싱<br>つくす(ゲツ)<br>시게루(모) | 盡 | 一十歹亥刻刻 다할 진<br>exhaust<br>카브<br>つきる(ジン)<br>쯔끼루(진) |
| 竭 | | 盡 | |
| 力 | 宀宀宀宀寍實實 힘 력<br>strength<br>ちから(リョク) | 命 | ⼈亼金釸釸銘 목숨 명<br>life<br>레코드<br>いのち(メイ)<br>시루스(메이) |
| 力 | | 命 | |

효도함에는 마땅히 힘을 다해야 하며,     나라를 사랑함에는 목숨을 다할 각오이어야 한다.

膝前勿坐 (견선종지) 어른 무릎 앞에 앉지 말며,
親面勿仰 (지과필개) 어버이 얼굴을 똑바로 쳐다보지 말아라.

| | | | |
|---|---|---|---|
| 臨 | 一丆丨戶<br>임할 림<br>come to<br>하우스홀드<br>のぞむ(リン)<br>도(고) | 夙 | 宀宀宀家家<br>이를 숙<br>early<br>하우스<br>つとに(シュク)<br>이에(가, 게) |
| 臨 | | 夙 | |
| 深 | 土圭圭圭封封<br>깊을 심<br>deep<br>실엎<br>ふかい(シン)<br>도지루(호-) | 興 | ノ幺幺糸糸給<br>일 흥<br>rise<br>기브<br>おこる(コウ)<br>다마우(교-) |
| 深 | | 興 | |
| 履 | ノ八<br>밟을 리<br>foot<br>에잇<br>くつ(リ)<br>얏쓰(하찌) | 溫 | 一二千<br>더울 온<br>warm<br>싸우견드<br>あたたかい(オン)<br>센, 찌(센) |
| 履 | | 溫 | |
| 薄 | 目県県県県縣<br>엷을 박<br>thin<br>컨츄리<br>うすい(ハク)<br>아가따(겐) | 清 | 一丆丆丘丘兵<br>서늘할 청<br>cool<br>쏠져<br>すずしい(セイ)<br>쯔와모노(헤이) |
| 薄 | | 清 | |
| 심연에 임함에는 얇은 얼음을 밟듯이 하고, | | 새벽에는 일찍 일어나며, 부모님을 겨울에는 따뜻하게, 여름에는 서늘하게 해 드려야 한다. | |
| 父母臥命 (입신행도)<br>僕首聽之 (양명후세) | 부모님이 누워서 말씀하시면<br>머리를 숙이고 들을 것이고, | | |
| | | | |

| 似 | 亻亻亻亻似似 | 같을 사<br>resemble<br>리젬블<br>にる(シ, ジ)<br>니루(시, 지) | 如 | 乀乄女如如如 | 같을 려<br>like<br>라이크<br>ごとし(ショ)<br>고또시(죠) |
|---|---|---|---|---|---|
| 似 | | | 如 | | |
| 蘭 | 一艹門蕳蘭蘭 | 난초 란<br>orchid<br>어키드<br>らん(ラン)<br>란(란) | 松 | 十才木松松松 | 솔 송<br>pine tree<br>파인 츄리<br>まつ(ショウ)<br>마쯔(쇼ー) |
| 蘭 | | | 松 | | |
| 斯 | 艹甘其斯斯斯 | 이 사<br>this<br>디스<br>この(シ)<br>고노(시) | 之 | 丶亠之 | 갈 지<br>go<br>고<br>ゆく, の, これ(シ)<br>유꾸, 노, 고레(시) |
| 斯 | | | 之 | | |
| 馨 | 一声声殸殸馨 | 향기 향<br>fragrant<br>프레이그런트<br>かおる(ケイ)<br>가오루(게이) | 盛 | 厂厂成成成盛 | 성할 성<br>prosperous<br>프로스퍼러스<br>かかる(セイ)<br>가까루(세이) |
| 馨 | | | 盛 | | |

효자된 자의 이름은, 마치 난초의 향기와 같이 멀리 까지 떨치고, | 소나무처럼 무성하다.

居處靖靜 (거처정정) 거처는 평안하고 고요히 하고,
步復安詳 (보복안상) 걸음을 편안하고 자세히 하라.

| | | | |
|---|---|---|---|
| 川 | ノ ノ 川<br>내<br>stream<br>스트림<br>かわ(セン)<br>가와(센) | 淵 | 氵 氵 泙 浒 淵<br>못 연<br>gulf<br>걸프<br>ふち(エン)<br>후찌(엔) |
| 川 | | 淵 | |
| 流 | 氵 疒 浐 泞 流 流<br>흐를 류<br>flow<br>플로우<br>ながれる(リュウ)<br>나가레루(류ー) | 澄 | 氵 氵 浐 浐 澄 澄<br>맑을 징<br>clear<br>클리어<br>すむ(チョウ)<br>스무(쬬ー) |
| 流 | | 澄 | |
| 不 | 一 ア 不 不<br>아니 불<br>not<br>낫<br>せず(フ, ブ)<br>세즈(후, 부) | 取 | 一 F E 耳 取 取<br>가질 취<br>take<br>테이크<br>とる(シュ)<br>도루(슈) |
| 不 | | 取 | |
| 息 | ノ 竹 白 自 息 息<br>쉴 식<br>rest<br>레스트<br>いき(ソク)<br>이끼(소꾸) | 映 | 丨 日 日 映 映 映<br>비칠 영<br>shine<br>샤인<br>うつる(エイ)<br>우쓰루(에이) |
| 息 | | 映 | |
| 냇물은 흘러서 쉬지 않고, | | 맑은 못은 그 속까지 비친다. | |

飽食暖衣 (포식난의) 배불리 먹고 따뜻이 입고,
逸居無敎 (일거무교) 편히 살면서 자식을 가르치지 않으면,

| | | | |
|---|---|---|---|
| 容 | 얼굴 용 face 실크 かお(ヨウ) 아야기누(기) | 言 | 말씀 언 words 죠이 ことば(ゲン) 도꾸(세쯔) |
| 止 | 그칠 지 stop 리턴 투 とまる(シ) 메구루(가이, 에) | 辭 | 말씀 사 speech 투 인플루언스 ことば(ジ) 간즈루(간) |
| 若 | 같을 약 like 네임 어브 어 내이션 おなじ(ジャク) 가와노나(간) | 安 | 편안 안 peaceful 밀리터리 やすらか(アン) 다께시이(즈) |
| 思 | 생각 사 think 베니피트 おもう(シ) 메구미(게이) | 定 | 정할 정 settle 더 포스 さためる(テイ) 히노또(데이) |
| 행동함에는 행여나 과실이 있지 않을까 하고 뒤돌아 보고, | | 말을 할 때에는 안정되고 편안히 하라. | |
| 即近禽獸 (음식신절) 聖人憂之 (언위공순) | 금수와 다를 바 없으니, 성인은 이것을 걱정하시니라. | | |

| | | | |
|---|---|---|---|
| 篤 | 도타울 독<br>generous<br>네임 오브 리버<br>あつい(トク)<br>가와노나(한, 하) | 愼 | 삼갈 신<br>act with care<br>어씨스트<br>つつしむ(シン)<br>다스께루(사) |
| 初 | 처음 초<br>beginning<br>스트림렛<br>はじめ(ショ)<br>다니(게이) | 終 | 마칠 종<br>end<br>타임<br>おわる(シュウ)<br>도끼(지) |
| 誠 | 정성 성<br>sincere<br>댓<br>まこと(セイ)<br>가레(이) | 宜 | 마땅 의<br>suitable<br>뱅크<br>よろしい(ギ)<br>오까(아) |
| 美 | 아름다울 미<br>beautiful<br>엘더<br>うつくしい(ビ)<br>오사무(인) | 令 | 하여금 령<br>order<br>벨런스<br>のり(レイ)<br>하까리(고-) |

| | |
|---|---|
| 처음을 돈독히 하는 것이 참으로 훌륭하며, | 끝은 온전히 하도록 조심함이 마땅하다. |

愛親敬兄 (용모단장)　어버이를 사랑하고 형을 공경함은
良知良能 (의관숙정)　타고난 앎이요 타고난 능력이니라.

영달과 사업에는 반드시 기인하는 바가 있으며,

명성이 세상에 널리 퍼져 끝이 없다.

口勿雜談 (구물잡담) 입으로는 잡담을 하지 말며,
手勿雜戲 (수물잡희) 손으로는 잡된 장난을 하지 말라.

덕행을 닦고 학문을 쌓으면 벼슬이 높이 올라 국정까지 맡아서 처리할 수 있겠고,

직권을 쥐고 정사를 담당할 수 있다.

寢則連衾(침즉연금) 잠자리에서는 이불을 나란히 하여 자고,
食則同案(식즉동안) 먹을 때에는 밥상을 함께 하라.

| 存 | 亻仁仔存存<br>있을 존<br>exist<br>왓<br>ある(ソン, ゾン)<br>나니(가) | 去 | 一十土去去<br>갈 거<br>leave<br>네이션<br>さる(キョ, コ)<br>구니노나(간) |
|---|---|---|---|
| 存 | | 去 | |
| 以 | 人以以以以<br>써 이<br>by<br>오베이<br>もって(イ)<br>시다가우(순) | 而 | 一丁万丙而而<br>말이을 이<br>and<br>코럽션<br>しかし(ジ)<br>헤이(헤이) |
| 以 | | 而 | |
| 甘 | 一十廿甘甘<br>달 감<br>sweet<br>프롬이스<br>あまい(カン)<br>야꾸소꾸(야꾸) | 益 | 八公公谷谷益益<br>더할 익<br>increase<br>트러블썸<br>ます(エキ)<br>와즈라와시이(한) |
| 甘 | | 益 | |
| 棠 | 丨冂冋冋冋常棠<br>아가위 당<br>crab apple<br>로우<br>やまなし(トウ)<br>노리, 오끼떼(호-) | 詠 | 一二子开刑刑<br>읊을 영<br>sing<br>퍼니쉬먼트<br>うたう(エイ)<br>노리(게이) |
| 棠 | | 詠 | |
| 살아서는 감당수를 보존하여 기념하였고, | | 떠난 후엔 그의 선정을 감당시로 더욱 읊었다. | |

借人典籍 (예속상교)　남의 책을 빌렸을 때에는
勿毀必完 (환난상휼)　헐지 말고, 반드시 빌린 대로 완전하게 해야 한다.

풍류도 귀천에 따라 정도를 달리했고,

예의도 역시 높고 낮음을 구별하도록 했다.

兄無衣服 (기거좌립)   형에게 옷이 없으면
弟必獻之 (행동거지)   동생은 반드시 형에게 드려야 하고,

| 上 | 一 ト 上<br>윗 상<br>above<br>어버브<br>うえ(ジョウ)<br>우에(죠-) | 夫 | 一 二 チ 夫<br>지아비 부<br>man<br>맨<br>おとこ, おっと(フ)<br>오도꼬, 옷또(후) |
|---|---|---|---|
| 上 | | 夫 | |
| 和 | 一 千 禾 和 和<br>화할 화<br>peaceful<br>피스풀<br>やわらぐ(ク)<br>야와라구(와) | 唱 | 口 口 口 唱 唱<br>부를 창<br>sing<br>씽<br>よなえる(ショウ)<br>도나에루(쇼-) |
| 和 | | 唱 | |
| 下 | 一 丅 下<br>아래 하<br>below<br>빌로우<br>した(カ, ゲ)<br>시따(가, 게) | 婦 | 女 妒 妒 婦 婦<br>며느리 부<br>daugher-in-law<br>도터 인 로<br>よめ(フ)<br>요메(후) |
| 下 | | 婦 | |
| 睦 | 目 目 盽 睦 睦<br>화목 목<br>friendly<br>프렌드리<br>むつまじい(ボク)<br>무쯔마지이(보꾸) | 隨 | ß ナ 左 隋 隋 隨<br>따를 수<br>follow<br>팔로우<br>したがう(ズイ)<br>시따가우(즈이) |
| 睦 | | 隨 | |
| 윗사람이 온화해야 아랫 사람도 화목하고, | | 남자가 선창하면 지어미도 이에 따른다. | |

弟無飮食 (제무음식) 동생이 먹을 것이 없으면
兄必與之 (형필여지) 형은 마땅히 동생에게 주어야 한다.

| 外 ノクタ列外 | 밖 외<br>outside<br>아웃사이드<br>そと(ガイ, ゲ)<br>소또(가이, 게) | 入 ノ入 | 들 입<br>enter<br>엔터<br>いる(ニュウ)<br>이루(뉴―) |
|---|---|---|---|
| 外 | | 入 | |
| 受 一ーイイ 四四 受受 | 받을 수<br>receive<br>리씨브<br>うける(ジュ)<br>우께루(쥬) | 奉 三声夫表奉 | 받들 봉<br>offer<br>어퍼<br>たてまつる(ホウ)<br>다떼마쯔루(호―) |
| 受 | | 奉 | |
| 傅 イイ仁佴佴傅傅 | 스승 부<br>teacher<br>티쳐<br>もり(フ)<br>모리(후) | 母 乚口凹母母 | 어미 모<br>mother<br>마더<br>はは(ボ)<br>하하(보) |
| 傅 | | 母 | |
| 訓 二言言訓訓訓 | 가르칠 훈<br>instruct<br>인스트럭<br>おしえる(クン)<br>오시에루(군) | 儀 イ伴伴儀儀 | 거동 의<br>manners<br>메너즈<br>のり(キ)<br>노리(기) |
| 訓 | | 儀 | |
| 성장해서는 밖에서 스승의 교훈을 받고, | | 집안에 돌아와서는 어머니의 거동을 본받는다. | |

兄飢弟飽 (형기제포)　형이 배고픈데 동생만 배부르다면
禽獸之遂 (금수지수)　금수나 할 짓이라,

| 孔 | 구멍 공<br>hole<br>라이스<br>あな (コウ)<br>오끼루 (기) | 同 | 한가지 동<br>same<br>유즈<br>おなじ (トウ)<br>모찌이루 (요우) |
|---|---|---|---|
| 孔 | | 同 | |
| 懷 | 품을 회<br>cherish<br>씨져스<br>いだく (カイ)<br>기루 (센) | 氣 | 기운 기<br>air<br>밀리터리<br>き (キ)<br>쯔와모노 (군) |
| 懷 | | 氣 | |
| 兄 | 맏 형<br>elder brother<br>콰이트<br>あに (ケイ, キュウ)<br>스꼬부루 (하) | 連 | 연할 련<br>connect<br>모스트<br>つらなる (レン)<br>못또모 (사이) |
| 兄 | | 連 | |
| 弟 | 아우 제<br>younger brother<br>너리쉬<br>おとうと (テイ)<br>마께 (보꾸) | 枝 | 가지 지<br>branch<br>어니스트<br>えだ (シ)<br>마고꼬로 (쇼) |
| 弟 | | 枝 | |
| 간절히 그리워하는 것은 형제이니, | | 즉, 한 핏줄의 형제를 말한다. | |

飲食親前 (부의모자)　어버이 앞에서 음식을 먹을 때에는
勿出器聲 (형우제공)　그릇 부딪치는 소리를 내지 말라.

| 交 | 一ナ六亣交 | 사귈 교<br>associate<br>어쏘시에이트<br>まじわる (コウ)<br>마지와루 (고—) | 切 | 一七切切 | 끊을 절<br>cut<br>컷트<br>きる (セツ)<br>기루 (세쯔) |
|---|---|---|---|---|---|
| 交 | | | 切 | | |
| 友 | 一ナ方友 | 벗 우<br>friend<br>프렌드<br>とも (ユウ)<br>도모 (유—) | 磨 | 一广庠磨 | 갈 마<br>polish<br>폴리쉬<br>みがく (マ)<br>미가꾸 (마) |
| 友 | | | 磨 | | |
| 投 | 一十才才扚投 | 던질 투<br>throw<br>스로루<br>なげる (トウ)<br>나게루 (도—) | 箴 | ⺮竹笒箴箴 | 경계 잠<br>check<br>첵크<br>はり (シン)<br>하리 (신) |
| 投 | | | 箴 | | |
| 分 | ノ八今分 | 나눌 분<br>divide<br>디바이드<br>わける (ブン)<br>와께루 (분) | 規 | 二丰耒却規規 | 법 규<br>regulation<br>레귤레이션<br>ぶんまわし (キ)<br>분마와시 (기) |
| 分 | | | 規 | | |
| 교우의 진수는 따뜻한 애정을 갖는 동시에. | | | 서로 경계하여 바로잡아 주는데 있는 것이다. | | |

**居必擇隣** (거필택린) 거처는 반드시 이웃을 가려 하고,
**就必有德** (취필유덕) 나아감에는 덕 있는 이에게 가라.

| | | | |
|---|---|---|---|
| 仁 | ノイ仁<br>어질 인<br>humane<br>휴메인<br>いつくしむ(ジン)<br>이쯔꾸시무 (진) | 造 | 一生告告造造<br>지을 조<br>make<br>메이크<br>つくる(ソウ)<br>쓰꾸루 (소-) |
| 仁 | | 造 | |
| 慈 | 丷丷丷茲慈慈<br>사랑 자<br>mercy<br>머시<br>いつくしむ(ジ)<br>이쯔꾸시무 (지) | 次 | 丶ソ冫次次<br>버금 차<br>next<br>넥스트<br>つぎ(シ, ジ)<br>쓰기 (시, 지) |
| 慈 | | 次 | |
| 隱 | 阝阝阝阝隱隱<br>숨을 은<br>hide<br>하이드<br>かくれる(イン)<br>가꾸레루 (인) | 弗 | 一 ᄀ ᄏ 弔 弗<br>말 불<br>not<br>낫<br>あらず(フツ)<br>아라즈 (후쯔) |
| 隱 | | 弗 | |
| 惻 | 忄忄忄忄恻恻惻<br>슬플 측<br>pity<br>피티<br>いたむ(ソク)<br>이따무 (소꾸) | 離 | 甶甶甶离离離離<br>떠날 리<br>leave<br>리브<br>はなれる(リ)<br>하나레루 (리) |
| 惻 | | 離 | |
| 사람이라면 인후하고 자애스러우며 측은한 마음을 품고 있음에도 불구하고, | | 일단 악덕에 감염되면 존귀한 본성을 상실하게 되는 것이다. | |
| 父母衣服 (부모의복)<br>勿踰勿踐 (물유물천) 부모님의 옷은<br>넘지도 말고 밟지도 말라. | | | |

| 節 | 氵氵治治治 | 마디 절<br>joint<br>거번<br>ふし(セツ)<br>오사메루(지) | 顛 | マア予予孜務 | 넘어질 전<br>fall down<br>인데버<br>いただき(セン)<br>쯔또메루(무) |
|---|---|---|---|---|---|
| 節 | | | 顛 | | |
| 義 | 一十才木本 | 옳을 의<br>righteousness<br>오리진<br>のり(ギ)<br>모또(혼) | 沛 | 一十玄玄玄玆 | 자빠질 패<br>fall backward<br>디스<br>さわ(ハイ)<br>고레(시) |
| 義 | | | 沛 | | |
| 廉 | 一亇方於於 | 청렴 렴<br>modest<br>인<br>かど(レン)<br>오이떼(오) | 匪 | 禾秆秄稻稼 | 아닐 비<br>not<br>파밍<br>あらず(ヒ、ビ)<br>우에루(가) |
| 廉 | | | 匪 | | |
| 退 | 曲芦農農農 | 물러갈 퇴<br>retreat<br>어그리컬츄어<br>しりぞく(タイ)<br>다가야스(노ー) | 虧 | 禾秆秄稃稿穡 | 이지러질 휴<br>wane<br>하베스트<br>かける(キ)<br>도리이레(쇼푸) |
| 退 | | | 虧 | | |

절조를 지키고 의리를 가지면서 물러침은, 쉽게 이지러지지 않는다.

書机書硯 (인의예지) 책상과 벼루는
自黥其面 (인성지강) 그 바닥을 정면으로부터 하라.

| 性 | 厂厂厉厉厲<br>성품 성<br>nature<br>와일드 구즈<br>うまれつき(セイ)<br>가리(간) | 心 | 爫爫<br>鷄鷄鷄鷄<br>마음 심<br>mind<br>컥<br>こころ(シン)<br>니와도리(게이) |
|---|---|---|---|
| 性 | | 心 | |
| 靜 | 一「厂門門門<br>고요 정<br>quiet<br>게이트<br>しずか(セイ)<br>가도(몬) | 動 | 一冂日田田<br>움직일 동<br>move<br>필드<br>うごく(ドウ)<br>하다께(덴) | 
| 靜 | | 動 | |
| 情 | 卜止此此些紫<br>뜻 정<br>feeling<br>퍼플<br>なさけ(ジョウ)<br>무라사끼(시) | 神 | 十土゛゛亍赤赤<br>귀신 신<br>god<br>레드<br>かみ(シン)<br>아까이(세끼) |
| 情 | | 神 | |
| 逸 | 广宀宊実寒塞<br>편안 일<br>ease<br>콜드<br>やすらか(イツ)<br>사무이(간) | 疲 | 土゛女圹圹城城<br>가쁠 피<br>tired<br>캐슬<br>つかれる(ヒ)<br>시로(죠-) |
| 逸 | | 疲 | |
| 사람은 본성이 고요하면 마음이 편안하고, | | 마음이 동요하면 신경이 지쳐 버린다. | |

勿與人鬪 (재가종부) 남과 더불어 싸우지 말 것이니,
父母憂之 (적인종부) 부모께서 이것을 근심하니라.

참된 길을 지키면 뜻이 가득해지고, 물욕을 따르면 마음은 각처로 옮겨 정착할 줄 모른다.

出入門戶(출입문호) 문을 출입할 때에는
開閉必恭(개폐필공) 열고 닫는 것을 반드시 공손히 하라.

| 堅 | 厂下臣臤堅堅 | 굳을 견<br>hard<br>하드<br>かたい（ケン）<br>가따이(껜) | 好 | 𡿨女女女好好 | 좋을 호<br>good<br>굳<br>よい（コウ）<br>요이(고-) |
|---|---|---|---|---|---|
| 堅 | | | 好 | | |
| 持 | 扌扌扩拄持持 | 가질 지<br>hold<br>홀드<br>もつ（チ，ジ）<br>모쯔(찌, 지) | 爵 | 爫罒罒爵爵爵 | 벼슬 작<br>rank<br>랭크<br>くらい（ジャク）<br>구라이(자꾸) |
| 持 | | | 爵 | | |
| 雅 | 𠃍牙牙牙邪雅 | 맑을 아<br>refined<br>리파인드<br>みやびやか（ガ）<br>미야비야까(가) | 自 | ′丨冂自自自 | 스스로 자<br>self<br>셀프<br>みずから（ジ）<br>미즈까라(지) |
| 雅 | | | 自 | | |
| 操 | 扌扣掃操操操 | 잡을 조<br>manage<br>메니지<br>あやつる（ソウ）<br>아야쯔루(소-) | 縻 | 广广麻麻麽縻 | 얽을 미<br>tie up<br>타이 업<br>つなぐ（ビ）<br>쯔나구(비) |
| 操 | | | 縻 | | |

사람이 견고한 지조를 굳게 가지면,  높은 지위는 스스로 그에게 얽히어 이른다.

紙筆硯墨 (지필연묵)  종이와 붓과 벼루와 먹은
文房四友 (문방사우)  글방의 네 벗이다.

| 都 | 一广疒疠疠庶 | 도읍 도<br>metropolis<br>멀티튜드<br>みやこ(ト)<br>호똔도(쇼) | 東 | ㆍ 火 炏 炏 炂 劵 | 동녘 동<br>east<br>토일<br>ひがし(トウ)<br>쯔까레루(로-) |
|---|---|---|---|---|---|
| 都 | | | 東 | | |
| 邑 | 兰 兰 兰 兰 兰 幾 幾 | 고을 읍<br>town<br>얼머스트<br>むら(コウ)<br>호똔도(기) | 西 | 言 計 許 許 謙 謙 | 서녘 서<br>west<br>험블<br>にし(セイ)<br>헤리구다루(겐) |
| 邑 | | | 西 | | |
| 華 | ㅣ ㄱ 口 中 | 빛날 화<br>shine<br>미들<br>はなやか(カ)<br>나까(쮸-) | 二 | 言 計 許 許 謹 謹 | 두 이<br>two<br>캐어풀<br>ふたつ(ニ)<br>쯔쯔시무(긴) |
| 華 | | | 二 | | |
| 夏 | 广 户 户 肩 肩 庸 | 여름 하<br>summer<br>미들<br>なつ(カ, ゲ)<br>쓰네(요-) | 京 | 亠 古 市 東 敕 敕 | 서울 경<br>capital<br>임페리얼 코멘드<br>みやこ(キョウ,ケイ)<br>미고또노리(소꾸) |
| 夏 | | | 京 | | |
| 중국은 자기 나라의 국명을 화하라 불러,<br>세계의 대국임을 자랑했고, | | | 동경, 서경의 두 도읍이 있다. | | |

**晝耕夜讀**(정기의이) 낮에는 밭을 갈고, 밤에는 글을 읽고,
**夏禮春詩**(불모기리) 여름에는 예를 익히고 봄에는 시를 배운다.

| 背 | 亻亻亻伫伫伫 | 등 배<br>back<br>비기닝<br>세(ハイ)<br>하지메(슈꾸) | 浮 | 二千手我我 | 뜰 부<br>float<br>아이<br>うかぶ(フ)<br>와레(가) |
|---|---|---|---|---|---|
| 背 | | | 浮 | | |
| 邙 | 一亡車載載載 | 터 망<br>name of hill<br>로우드<br>やまのな(ボウ)<br>노세루(사이) | 渭 | 艹艹苅苅艺藝 | 위수 위<br>name of river<br>플랜트<br>かわのな(イ)<br>우에루(게이) |
| 邙 | | | 渭 | | |
| 面 | 一丆丙丙南南 | 낯 면<br>face<br>싸우드<br>かお(メン)<br>미나미(난) | 據 | 千禾禾禾黍黍 | 웅거할 거<br>depend upon<br>밀리트<br>よる(キョ)<br>기비(쇼) |
| 面 | | | 據 | | |
| 洛 | 一丆亩亩亩敵 | 낙수 락<br>name of river<br>리지 오브 필즈<br>かわのな(ラク)<br>세(보) | 涇 | 千秆秆秤稗稗 | 경수 경<br>flow straight<br>밀리트<br>とおる(ケイ)<br>기비(쇼꾸) |
| 洛 | | | 涇 | | |
| 북망산을 등지고 낙수를 향하였고, | | | 위수가에 떠 있는 장안은 경수를 의지하고 있다. | | |

言行相違(비례물시) 말과 행실이 서로 다르면
辱及于先(비례물청) 욕이 선영에 미치고,

| | | | |
|---|---|---|---|
| 宮 | 宀宀宮宮<br>집 궁<br>palace<br>팰리스<br>みや(キュウ)<br>미야(규-) | 樓 | 扌槁榑樓樓樓<br>다락 루<br>upper story<br>어퍼 스토리<br>たかどの(ロウ)<br>다까도노(로-) |
| 宮 | | 樓 | |
| 殿 | 尸屈屎殿殿殿<br>전각 전<br>palace<br>팰리스<br>との(テン)<br>도노(텐) | 觀 | 十 品 萨 萑 觀 觀<br>볼 관<br>behold<br>비홀드<br>みる(カン)<br>미루(간) |
| 殿 | | 觀 | |
| 盤 | 几 角 舟 般 盤 盤<br>소반 반<br>vessel<br>베쓸<br>おおざら(バン)<br>오오자라(반) | 飛 | ㄟ 乁 飞 戸 飛 飛<br>날 비<br>fly<br>플라이<br>とぶ(ヒ)<br>도부(히) |
| 盤 | | 飛 | |
| 鬱 | 林 林 椏 鬱 鬱 鬱<br>답답할 울<br>depressed<br>디프래스트<br>ふさぐ(ウツ)<br>후사구(우쯔) | 驚 | 廾 苟 敬 驚 驚 驚<br>놀랄 경<br>frighten<br>푸라이튼<br>おどろく(キョウ)<br>오도로꾸(교-) |
| 鬱 | | 驚 | |
| | 궁과 전은 고대한데 빽빽하게 들어찼고, | | 고루와 관대는 새가 하늘을 날으는 듯 솟아 놀랍기만 하다. |

行不如言(행불여언) 행실이 말과 다르면
辱及于身(욕급우신) 욕이 자신의 몸에 미친다.

베낀 그림은 인류를 벗어난 불륜한 자를 뜻하고,  채색으로 그린 그림은 신선과 영위를 말한다.

事親至孝 (사친지효)  어버이를 섬김에는 효도를 다하고,
養志養體 (양지양체)  뜻을 받들고, 몸을 잘 봉양해야 한다.

| | | | |
|---|---|---|---|
| 丙 | 一丆丙丙死始 | 남녘 병<br>south<br>데인져러스<br>みなみ(ヘイ)<br>야야우이(다이) | 甲 | 十十木朴林 | 갑옷 갑<br>armour<br>퍼리스트<br>よろい(コウ)<br>하야시(린) |
| 舍 | 厂尸尸辰辱辱 | 집 사<br>house<br>디스그레이스<br>いえ(シャ)<br>하즈까시메(요꾸) | 帳 | 厂口白皁皁 | 장막 장<br>curtain<br>뱅크<br>とばり(チョウ)<br>오까(고-) |
| 傍 | 厂斤斤斤近近 | 곁 방<br>side<br>니어 투<br>かたわら(ボウ)<br>찌까이(낀) | 對 | 一ヽナ立立辛 | 대답 대<br>reply<br>퍼츄내이트<br>こたえる(タイ)<br>사이와이(고-) |
| 啓 | 厂FF目耳恥 | 열 계<br>enlighten<br>쉐임<br>ひらく(ケイ)<br>하즈까시이(찌) | 楹 | 一ヨ目目即即 | 기둥 영<br>pillar<br>이미디어트리<br>はしら(エイ)<br>스나와찌(소꾸) |
| 궁중 신하들이 쉬는 곳은 옆이 열려 있으며, | | | 마주 선 두 기둥에 갑장을 쳤다. | | |
| 雪裡求筍(천개어자)<br>孟宗之孝(지벽어축) | | 눈 속에서 죽순을 구해 온 것은<br>맹종의 효도이고, | | | |

| | | | |
|---|---|---|---|
| 肆 | 肀 肀 肀 肀 肆 肆<br>방자할 사<br>reckless<br>히어<br>ほしいまま (シ)<br>고꼬 (레이) | 鼓 | 壴 壴 壴 壴 鼓 鼓<br>북 고<br>drum<br>미러<br>たいこ (コ)<br>가가미 (간) |
| 肆 | | 鼓 | |
| 筵 | 一 ㅗ 立 产 产 音 音<br>자리 연<br>bamboo mat<br>사운드<br>むしろ (エン)<br>오또 (온) | 瑟 | 王 王 王 玎 玎 珏 貌<br>비파 슬<br>flute<br>어피어런스<br>おおごと (シツ)<br>가따찌 (보-) |
| 筵 | | 瑟 | |
| 設 | 宀 户 户 宙 窊 宴 察<br>베풀 설<br>establish<br>워치<br>もうける (セツ)<br>쯔마비라까니스루 (사쯔) | 吹 | 宀 宀 宁 宇 宇 宇 察<br>불 취<br>blow<br>디스퓨트<br>ふく (スイ)<br>죠우즈니이우 (뻔) |
| 設 | | 吹 | |
| 席 | 王 玎 玎 玎 玎 理 理<br>자리 석<br>seat<br>오더<br>せき (セキ)<br>오사메루 (리) | 笙 | 丿 久 夕 久 名 名 色<br>저 생<br>flute<br>칼라<br>しょうのふえ (セイ)<br>이로 (쇼꾸) |
| 席 | | 笙 | |
| | 돗자리를 펴서 좌우를 정한 후, | | 비파를 뜯고 생황저를 불어서 흥을 돋군다. |
| 叩氷得鯉 (명기도이)<br>王祥之孝 (불계기공) | 얼음을 깨뜨려서 잉어를 얻은 것은<br>왕상의 효도다. | | |

| | | | |
|---|---|---|---|
| 陸 | ㇐ ㇐ 阝 阡 阼 陛 陛<br>오를 승<br>ascend<br>어쌘드<br>のぼる(ショウ)<br>노보루(쇼-) | 弁 | ㇐ ㇐ ㇐ 弁 弁<br>고깔 변<br>conical cap<br>코니컬 캡<br>かんむり(ベン)<br>간무리(벤) |
| 陛 | | 弁 | |
| 階 | 阝 阡 阼 阼 階 階<br>섬돌 계<br>stair<br>스테어<br>きざはし(カイ)<br>기자하시(가이) | 轉 | 亘 車 轉 轉 轉<br>구를 전<br>turn<br>턴<br>ころぶ(テン)<br>고로부(텐) |
| 階 | | 轉 | |
| 納 | ㇐ 糸 糸 紆 納 納<br>드릴 납<br>offer<br>어퍼<br>おさめる(ノウ)<br>오사메루(노-) | 疑 | ヒ 髯 髯 髯 疑<br>의심 의<br>doubt<br>다우트<br>うたがう(ギ)<br>우다가우(기) |
| 納 | | 疑 | |
| 陛 | 阝 阡 阼 陛 陛<br>섬돌 폐<br>steps<br>스텝스<br>きざはし(ヘイ)<br>기자하시(헤이) | 星 | ㇐ 日 尸 屋 星 星<br>별 성<br>star<br>스타<br>ほし(セイ)<br>호시(세이) |
| 陛 | | 星 | |
| 폐계를 올라 전중에 들어가니, | | 고관들의 관에 장식한 주옥들은 별이 아닌가 의심스러웠다. | |
| 晨必先起 (신필선기) 새벽에는 반드시 부모님보다 먼저 일어나고,<br>暮須後寢 (모수후침) 저녁에는 모름지기 부모님보다 늦게 자야 한다. | | | |
| | | | |

| | | | |
|---|---|---|---|
| 右 | 一ナオ右右 | 오른쪽 우<br>right<br>라이트<br>みぎ(ユウ, ウ)<br>미기(고-, 우) | 左 | 一ナ左左左 | 왼쪽 좌<br>left<br>래프트<br>ひだり(サ)<br>히다리(사) |
| 右 | | | 左 | | |
| 通 | マ乃肖甬涌通 | 통할 통<br>pass through<br>패스 쓰루<br>とおる(ツウ)<br>도오루(쯔우) | 達 | 土キ호幸達達 | 통할 달<br>reach<br>리취<br>いたる(タツ)<br>이따루(다쯔) |
| 通 | | | 達 | | |
| 廣 | 广产产库库廣 | 넓을 광<br>broad<br>브로드<br>ひろい(コウ)<br>히로이(고-) | 承 | 一了手序承承 | 이을 승<br>hand down<br>핸드 다운<br>うける(ショウ)<br>우께루(쇼-) |
| 廣 | | | 承 | | |
| 內 | 1 冂内内 | 안 내<br>inside<br>인사이드<br>うち(ナイ)<br>우찌(나이) | 明 | N 日 明 明 明 | 밝을 명<br>bright<br>브라이트<br>あかるい(メイ)<br>아까루이(메이) |
| 內 | | | 明 | | |

바른편으로는 광내전까지 통하고,      왼편으로는 승명려에 이른다.

**冬温夏清(동온하청)** 　겨울에는 따뜻하게, 여름에는 서늘하게 해 드리고,
**昏定晨省(혼정신성)** 　저녁에는 자리를 펴드리고, 새벽에는 안후를 살펴야 한다.

| 既 | 厂厂斤旡既欣<br>이미 기<br>already<br>조이<br>すでに (キ)<br>요로꼬부 (긴) | 亦 | 厂厃亦亦亦<br>또 역<br>also<br>그리프<br>また (エキ, ヤク)<br>가나시이 (세끼) |
|---|---|---|---|
| 既 | | 亦 | |
| 集 | 三声夫奏奏奏<br>모을 집<br>gather<br>플레이 뮤직<br>あつまる (シュウ)<br>가나데루 (소-) | 聚 | 言詞詞詞謝謝謝<br>모을 취<br>assemble<br>댕크<br>あつめる (シュウ)<br>아야마루 (샤) |
| 集 | | 聚 | |
| 墳 | 厂用田田毘累<br>무덤 분<br>grave<br>타이<br>はか (フン)<br>가께루 (루) | 群 | 艹苗蓙蓙萑歡<br>무리 군<br>flock<br>플리이즈<br>むれ (グン)<br>요로고부 (간) |
| 墳 | | 群 | |
| 典 | 口曲曹貴遺遺<br>법 전<br>law<br>센드<br>のり (テン)<br>오꾸루 (겐) | 英 | 十扌扌扣扨招<br>꽃부리 영<br>flower<br>벡큰<br>はな (エイ)<br>마네꾸 (쇼-) |
| 典 | | 英 | |
| 3황 5제의 전적을 이미 모으고, | | 또한 수 많은 영재가 모였다. | |

**出不易方** (부자유친) 밖으로 나가서는 가는 곳을 바꾸지 말고
**游必有方** (군신유의) 나가서 놀 때에는 노는 곳이 분명해야 한다.

| 杜 | 一丁行而兩兩<br>막을 두<br>shut out<br>커플<br>ふさぐ(ト)<br>후다쯔(료ー) | 漆 | 冫冷解解<br>옻 칠<br>lacquer<br>언타이<br>うるし(シツ)<br>도꾸(가이) |
|---|---|---|---|
| 杜 | | 漆 | |
| 槀 | 一下正严萨疏<br>짚 고<br>stalk of grain<br>디스턴트<br>わう(コウ)<br>우또이(소) | 書 | 冫幺糸紺組組<br>글 서<br>write<br>컴포즈<br>かく(ショ)<br>구무(소) |
| 槀 | | 書 | |
| 鍾 | 一冂月月月見<br>술잔 종<br>goblet<br>씨<br>つぼ(ショウ)<br>미루(겐) | 壁 | 言計計詐誰誰<br>벽 벽<br>wall<br>후<br>かべ(ヘキ)<br>다레(스이) |
| 鍾 | | 壁 | |
| 隷 | 木样栈機機機<br>종 례<br>attached<br>머쉰<br>つく(レイ)<br>하따(기) | 經 | 一三三亘冨冨冨<br>날실 경<br>warp of fabric<br>어지<br>たていと(キョウ)<br>세마루(히쯔) |
| 隷 | | 経 | |
| 두백도의 초서와 종요의 예서와, | | 과두문자의 칠서 그리고 공자 후손의 주택의 벽 속에서 얻은 경서가 더욱 귀중한 것이었다. | |

身體髮膚 (인생어인) 신체와 머리카락과 살갗은
受之父母 (시위태고) 부모로부터 물려 받은 것이니,

| 漢字 | 필순 | 훈음 | 漢字 | 필순 | 훈음 |
|---|---|---|---|---|---|
| 府 | 广广庐府府 | 마을 부<br>village<br>빌리지<br>むら(フ)<br>우라(후) | 路 | 口 昆 趵 跿 路 | 길 로<br>road<br>로드<br>みち(ロ, ル)<br>미찌(로, 루) |
| 府 | | | 路 | | |
| 羅 | 罒 罗 罗 羅 羅 | 벌릴 라<br>spread<br>스프레드<br>あみ(ラ)<br>아미(라) | 俠 | 一 ナ 大 夾 夾 | 의기 협<br>chivalry<br>쉬벌리<br>おとこだて(キョウ)<br>오도꼬다떼(교-) |
| 羅 | | | 俠 | | |
| 將 | 爿 护 护 將 將 | 장수 장<br>general<br>제너럴<br>たいしょう(ショウ)<br>다이쇼-(쇼-) | 槐 | 木 杧 押 押 槐 槐 | 홰나무 괴<br>pagoda tree<br>파고다 츄리<br>えんじゅ(カイ)<br>엔쥬(가이) |
| 將 | | | 槐 | | |
| 相 | 十 才 才 村 相 相 | 서로 상<br>mutual<br>뮤추얼<br>あい(ショウ)<br>아이(쇼-) | 卿 | 亅 タ 夘 卯 卿 卿 | 벼슬 경<br>lord<br>로드<br>くげ(キョウ)<br>구게(교-) |
| 相 | | | 卿 | | |

부에는 장상이 늘어섰고, | 괴경의 저택이 길을 사이에 두고 즐비하게 늘어섰다.

**不敢毁傷**(불감훼상) 함부로 상하게 하지 않는 것이
**孝之始也**(효지시야) 효도의 시작이요,

| | | | |
|---|---|---|---|
| 戶 | 집 호<br>household<br>컴 투<br>と(コ)<br>노조무(린)<br>「 ㄱ 戶 戶 臨 | 家 | 집 가<br>house<br>얼리<br>いえ(カ, ケ)<br>쯔또니(슈꾸)<br>丿 冂 冂 冋 冢 冢 |
| 戶 | | 家 | |
| 封 | 봉할 봉<br>seal up<br>디프<br>とじる(ホウ)<br>후까이(신)<br>丶 氵 氵 沪 浐 深 | 給 | 줄 급<br>give<br>라이스<br>たまう(キョウ)<br>오꼬루(고ー)<br>乍 冃 用 用 開 與 |
| 封 | | 給 | |
| 八 | 여덟 팔<br>eight<br>푸트<br>やっつ(ハチ)<br>구쯔(리)<br>尸 尸 尸 屛 屨 履 | 千 | 일천 천<br>thousand<br>웜<br>せん, ち(セン)<br>아다따까이(온)<br>氵 氵 汩 泪 温 温 |
| 八 | | 千 | |
| 縣 | 고을 현<br>country<br>신<br>あがた(ケン)<br>우스이(하꾸)<br>艹 艹 蒲 蒲 薄 薄 | 兵 | 군사 병<br>soldier<br>쿨<br>つわもの(ヘイ)<br>스즈시이(세이)<br>氵 氵 亖 清 清 清 |
| 縣 | | 兵 | |
| 8 현의 민가에서 나오는 조세를 수입으로 삼도록 하고, | | 공신의 집에는 천병을 주어서 그들의 명령을 받도록 했다. | |
| 立身行道(부모와명)<br>揚名後世(복수청지) | 출세하여 도를 행하고,<br>이름을 후세에 남겨서 | | |
| | | | |

| | | | |
|---|---|---|---|
| 高 | 높을 고 high 하이 たかい(コウ) 다까이(고-) 一亠古高高 | 驅 | 몰 구 drive 드라이브 かる(ク) 가루(구) 馬馹馹駈驅 |
| 高 | | 駈 | |
| 冠 | 갓 관 cap 캪 かんむり(カン) 간무리(간) 一冖冗冠冠 | 轂 | 바퀴 곡 hub of a wheel 허브 어브 어 휠 こしき(コク) 고시끼(고꾸) 一声壴軎轂 |
| 冠 | | 轂 | |
| 陪 | 모실 배 assist 어씨스트 たすける(バイ) 다스게루(바이) ⻏阝阡阫陪 | 振 | 떨칠 진 shake off 쉐이크 오프 ふるう(シン) 후루우(신) 扌扩扩捋振 |
| 陪 | | 振 | |
| 輦 | 연 련 emperor's carriage 앰퍼러즈 캐리지 れんよ(レン) 렌요(렌) 二夫扶替輦 | 纓 | 끈 영 throat-band 트로우트 밴드 ひも(エイ) 히모(에이) 糸絅絅纓纓 |
| 輦 | | 纓 | |

관을 높이 써 위의를 갖추며 천자의 수레에 배승하고, 수레가 달릴 때마다 관 끈이 흔들린다.

以顯父母 (이현부모)
孝之終也 (효지종야)
부모님의 명성을 세상에 드러냄이
효도의 마침이다.

| | | | |
|---|---|---|---|
| 世 | 一十卅世<br>인간 세<br>world<br>월드<br>よ(セイ, セ)<br>요(세이, 세) | 車 | 一厂戶百百車<br>수레 거<br>cart<br>카트<br>くるま(シャ)<br>구루마(샤) |
| 世 | | 車 | |
| 祿 | 示示示示祿祿<br>녹 록<br>salary<br>쌜러리<br>ふち(ロク)<br>후찌(로꾸) | 駕 | 力加智智駕駕<br>멍에 가<br>carriage<br>케리지<br>のりもの(カ)<br>노리모노(가) |
| 祿 | | 駕 | |
| 侈 | ノイ作侈侈侈<br>사치 치<br>luxury<br>럭쥬어리<br>おごる(シ)<br>오고루(시) | 肥 | ノ刀月肌肥肥<br>살찔 비<br>plump<br>플럼프<br>こえる(ヒ)<br>고에루(히) |
| 侈 | | 肥 | |
| 富 | 广宀宀宁富富<br>부자 부<br>rich<br>리취<br>とむ(フ, フウ)<br>도무(후, 후-) | 輕 | 百亘車輕輕輕<br>가벼울 경<br>light<br>라이트<br>かるい(ケイ)<br>가루이(게이) |
| 富 | | 輕 | |
| 자자손손 이어서 받는 세습의 국록은 호사스러울 만큼 풍부하고, | | 말은 살찌고 수레는 가볍다. | |
| 言必忠信(언필충신)<br>行必篤敬(행필독경) 말은 반드시 충실하고 진실하게 하며,<br>행실은 반드시 지극히 공손히 하게 하라. | | | |

| | | | |
|---|---|---|---|
| 策 | 꾀 책 plan 필리얼 파이어티 はかりごと(サク) 고우꼬우(고ー) | 勒 | 새길 륵 carve 로얄티 きざむ(リク) 마고꼬로(쮸ー) |
| 策 | | 勒 | |
| 功 | 공 공 service 슈터블 いさお(ク) 아따루(도ー) | 碑 | 비석 비 monument 룰 いしぶみ(ヒ) 노리(소꾸) |
| 功 | | 碑 | |
| 茂 | 성할 무 flourishing 이그조스트 しげる(モ) 쯔꾸스(게쯔) | 刻 | 새길 각 carve 이그조스트 きざむ(コク) 쯔끼루(진) |
| 茂 | | 刻 | |
| 實 | 열매 실 fruit 스트렝쓰 み(ジツ) 찌까라(료꾸) | 銘 | 새길 명 record 라이프 しるす(メイ) 이노찌(메이) |
| 實 | | 銘 | |
| 영재들이 나라에 공을 세웠을 때에는 가상히 여겨, | | 비를 세워 그 사적을 새기고 글을 지어 찬미한다. | |

見善從之 (슬전물좌) 선을 보거든 그것을 따르고
知過必改 (친면물앙) 허물을 알면 반드시 고쳐야 하고,

| 磻 | 물이름 반<br>name of river<br>제너러스<br>かわのな(ハン, ハ)<br>아쯔이(도꾸) | 佐 | 도울 좌<br>assist<br>액트 위드 케어<br>たすける(サ)<br>쓰꼬시무(신) |
|---|---|---|---|
| 磻 | | 佐 | |
| 溪 | 시내 계<br>streamlet<br>비기닝<br>たに(ケイ)<br>하지메(쇼) | 時 | 때 시<br>time<br>엔드<br>とき(ジ)<br>오와루(슈—) |
| 溪 | | 時 | |
| 伊 | 저 이<br>that<br>쎈씨어<br>かれ(イ)<br>마고또(세이) | 阿 | 언덕 아<br>bank<br>슈터불<br>おか(ア)<br>요로시이(기) |
| 伊 | | 阿 | |
| 尹 | 맏 윤<br>elder<br>뷰티풀<br>おさむ(イン)<br>우쯔꾸시이(비) | 衡 | 저울대 형<br>balance<br>오더<br>はかり(コウ)<br>노리(레이) |
| 尹 | | 衡 | |
| 주나라의 태공망 여상과, 은나라의 이윤은, | | 시제의 급한 것을 구제했으며, 아형을 관명으로 썼다. | |

容貌端莊(애친경형) 용모는 단정하고 씩씩하게 하고,
衣冠肅整(양지양능) 의복과 모자는 엄숙히 정제하고,

오랫동안 곡부에 살며,

단이 아니면 누가 이를 경영했으리오.

作事謀始 (작사모시) 일을 할 때에는 처음을 꾀하고,
出言顧行 (출언고행) 말을 할 때에는 행할 것을 생각할 것이며,

| | | | |
|---|---|---|---|
| 桓 桓 | 一十十十村桓桓<br>굳셀 환<br>manly<br>たけしい(カン)<br>다께시이(간) | 濟 濟 | 氵广广浐浐浐濟濟<br>건널 제<br>cross a stream<br>크로스 어 스트림<br>わたる(サイ)<br>와따루(사이) |
| 公 公 | 丿八公公<br>공작 공<br>baron<br>베이론<br>おおやけ(コウ)<br>오오야께(고-) | 弱 弱 | 一弓弓弱弱弱<br>약할 약<br>weak<br>위크<br>よわい(ジャク)<br>요와이(쟈꾸) |
| 匡 匡 | 一厂厂厂厅匡匡<br>바를 광<br>correct<br>코렉트<br>ただす(キョウ)<br>다다스(교-) | 扶 扶 | 一十扌扌护扶<br>붙들 부<br>support<br>써포트<br>たすける(フ)<br>다스께루(후) |
| 合 合 | 丿人人合合合<br>모을 합<br>join<br>조인<br>あう(ゴウ)<br>아우(고-) | 傾 傾 | 亻亻伫佰佰傾傾<br>기울 경<br>incline<br>인클라인<br>かたむく(ケイ)<br>가다무꾸(게이) |

군영 중에서 관중이란 영걸을 얻어 환공이, 일광천하한 위업을 찬미했으니,

약자를 구하고, 기울어진 것을 도왔다.

**常德固持 (상덕고지)** 떳떳한 덕을 굳게 지니고,
**然諾重應 (연낙중응)** 대답을 할 때에는 신중히 하라.

| | | | |
|---|---|---|---|
| 綺 | 宀宂宂容容<br>비단 기<br>silk<br>페이스<br>あやぎぬ (キ)<br>가오 (요ー) | 說 | 一ニ亖言言言<br>기뻐할 열<br>joy<br>워즈<br>とく (セツ)<br>고또바 (겐) |
| 綺 | | 説 | |
| 回 | 丨冂冋止<br>돌아올 회<br>return to<br>스톱<br>めぐる (カイ, エ)<br>도마루 (시) | 感 | 厂厈咸咸咸<br>감동할 감<br>to influence<br>스피치<br>かんずる (カン)<br>고또바 (지) |
| 回 | | 感 | |
| 漢 | 艹艹艹艹艿若<br>한나라 한<br>name of a nation<br>라이크<br>かわのな (カン)<br>가와노나 (간) | 武 | 一丆宀宂安安<br>호반 무<br>military<br>피스풀<br>たけしい (ズ)<br>야스라까 (안) |
| 漢 | | 武 | |
| 惠 | 一冂日田思思<br>은혜 혜<br>benefit<br>씽크<br>めぐみ (ケイ)<br>오모우 (시) | 丁 | 宀宀宁宁定定<br>네째 정<br>the fourth<br>쎄틀<br>ひのと (テイ)<br>사다메루 (데이) |
| 惠 | | 丁 | |
| 혜제가 태자로서 폐위의 위기에 있을 때 기리계 등의 덕으로 그 자리를 회복했고, | | 부열은 무정을 감화시켰다. | |

飮食愼節 (즉근금수)　음식을 먹을 때에는 절제하고,
言爲恭順 (성인우지)　말씨는 공손히 하라.

| | | | |
|---|---|---|---|
| 俊 | 준걸 준<br>eminent<br>뮤직<br>すぐれる (ジュン)<br>다노시이 (라꾸) | 多 | 많을 다<br>many<br>굳 매너즈<br>おおい (タ)<br>레이 (레이, 라이) |
| 俊 | | 多 | |
| 乂 | 어질 예<br>humane<br>디프런트<br>かる (カイ)<br>고또니 (슈) | 士 | 선비 사<br>scholar<br>아더<br>さむらい (シ)<br>고또나루 (베쯔) |
| 乂 | | | |
| 密 | 빽빽할 밀<br>dense<br>어너러블<br>ひそか (ミツ)<br>도우또이 (기) | 寔 | 진실로 식<br>true<br>리스펙트<br>まこと (ショク)<br>도우또이 (손) |
| 密 | | 寔 | |
| 勿 | 말 물<br>not<br>벌거<br>なかれ (モチ, ブツ)<br>이야시이 (조꾸) | 寧 | 편안 녕<br>peaceful<br>민<br>やすい (ネイ)<br>히꾸이, 이야시이 (히) |
| 勿 | | 寧 | |
| 훌륭한 사람들인 현직 대신들이 힘써 일하니, | | 다수의 인재는 참으로 편안하다. | |

起居坐立 (형무의복) 일어서고 앉으며, 앉아 있고 서 있는 것이
行動擧止 (제필헌지) 바로 행동거지니라.

| | | | |
|---|---|---|---|
| 晋  | 一丁〒严严晋晋 | 나라 진<br>name of nation<br>네임 어브 네이션<br>くにのな (シン)<br>구니노나 (신) | 趙  | 土耂耂走赴趙 | 나라 조<br>name of state<br>네임 오브 스테이트<br>くにのな (チョウ)<br>구니노나 (쪼-) |
| 楚  | 木林林梺楚楚 | 나라 초<br>name of nation<br>네임 오브 네이션<br>くにのな (ソ)<br>구니노나 (소) | 魏  | 禾委刹魏魏魏 | 나라 위<br>name of nation<br>네임 어브 네이션<br>くにのな (イ)<br>구니노나 (미) |
| 更  | 一一一百更更 | 다시 갱<br>change<br>체인지<br>あらためる (コウ)<br>아라다메루 (고-) | 困  | 一门闩用困困 | 곤할 곤<br>suffer<br>써퍼<br>よる (イン)<br>요루 (인) |
| 霸 | 一雨雷霏霏霸 | 으뜸 패<br>chief<br>치프<br>はたがしら (ハ)<br>하따가시라 (하) | 橫 | 木柞梢楷橫 | 비낄 횡<br>crosswise<br>크로스와이즈<br>よこ (オウ)<br>요꼬 (오-) |

진나라와 초나라는 교대로 패자가 되었고, 조나라와 위나라는 연횡설 때문에 곤란을 제일 많이 겪었다.

禮義廉恥(예의염치)  예와 의와 염과 치를 지킬 것이니,
是謂四維(시위사유)  이것을 사유라 한다.

| | | | |
|---|---|---|---|
| 假 | 亻作作假假<br>거짓 가<br>unreal<br>언리얼<br>かり(カ)<br>가리(가) | 踐 | 口吊距践践<br>밟을 천<br>tread upon<br>트레드어펀<br>ふむ(セン)<br>후무(센) |
| 假 | | 踐 | |
| 途 | 八今余余途<br>길 도<br>road<br>로드<br>みち(ト)<br>미찌(도) | 土 | 一十土<br>흙 토<br>earth<br>어쓰<br>つち(ト, ド)<br>쯔찌(도) |
| 途 | | 土 | |
| 滅 | 氵沪沪滅滅<br>멸할 멸<br>be overthrown<br>비 오버드로운<br>ほろびる(メツ)<br>호로비루(메쯔) | 會 | 人合合會會<br>모을 회<br>meet<br>미트<br>あう(カイ)<br>아우(가이) |
| 滅 | | 會 | |
| 虢 | 夕爭爭虢虢虢<br>나라 괵<br>name of state<br>네임오브 스테이트<br>くにのな(カタ)<br>구니노나(가따) | 盟 | 日明明明明盟<br>맹세 맹<br>oath<br>오우드<br>ちかう(メイ)<br>찌까우(메이) |
| 虢 | | 盟 | |

진헌공은 우나라에 길을 빌어 괵나라를 멸했고, 　　　진문공은 제후를 천토에 회합시켜 맹약하게 했다.

德業相勸 (덕업상권) 덕은 서로 권하고,
過失相規 (과실상규) 허물은 서로 규제하며,

83

소하가 가장 잘 준봉했고,

한비의 번거로운 형법은 해악이 많았다.

**禮俗相交** (차인전적) 예의와 풍속으로 서로 사귀고,
**患難相恤** (물훼필완) 환난을 당할 때에는 서로 구휼하라.

백기, 왕전, 염파, 이목 등은 무장으로서, 그 용병술이 뛰어났던 것을 찬양했다.

父義母慈(음식친전) 아버지는 의롭고 어머니는 자애롭고,
兄友弟恭(물출기성) 형은 우애하고 동생은 공손하고,

| 宣 베풀 선 proclaim | 馳 달릴 치 run quickly |
|---|---|
| 威 위엄 위 dignity | 譽 기릴 예 praise |
| 沙 모래 사 sand | 丹 붉을 단 red |
| 漠 사막 막 sandy desert | 靑 푸를 청 blue |

중국 북서부의 몽고와 신강성 쪽이 위세를 떨치고,

명성을 마치 말이 달리듯이 빨리 전하며 후세에 남기기 위해 인물과 그 공적을 그리다.

夫婦有恩 (부부유은) 부부는 은혜로움이 있어야 하고,
男女有別 (남녀유별) 남녀는 분별이 있어야 한다.

| | | | |
|---|---|---|---|
| 九 | 아홉 구<br>nine<br>나인<br>ここのつ(キュウ)<br>고꼬노쯔(큐-) | 百 | 일백 백<br>hundred<br>헌드레드<br>もも(ヒャク)<br>모모(햐꾸) |
| 九 | | 百 | |
| 州 | 고을 주<br>region<br>리젼<br>しま(シュウ)<br>시마(슈-) | 郡 | 고을 군<br>political division<br>폴리티컬 디비젼<br>こおり(グン)<br>고오리(군) |
| 州 | | 郡 | |
| 禹 | 임금 우<br>name of king<br>네임 어브 킹<br>おうのな(ウ)<br>오우노나(우) | 秦 | 나라 진<br>name of state<br>네임 어브 스테이트<br>くにのな(シン)<br>구니노나(신) |
| 禹 | | 秦 | |
| 跡 | 자취 적<br>traces<br>트레이시스<br>あと(セキ)<br>아도(세끼) | 并 | 아우를 병<br>merge<br>머어지<br>あわす(ヘイ)<br>아와스(헤이) |
| 跡 | | 并 | |

하나라 우임금의 공적의 자취는 9주 였으며,   백군을 진나라가 병합했다.

貧窮患難 (빈궁환난)   빈궁이나 환난 중에는
親戚相救 (친척상구)   친척끼리 서로 돕고,

산악으로는 항산과 대산을 조종으로 삼고,

봉선의 제사를 행할 때 운운산과 정정산을 가장 소중하게 여긴다

婚姻死喪(형제지정)
隣保相助(우애이기)
혼인이나 초상이 있을 때에는
이웃끼리 서로 도와야 한다.

기러기 왕래하는 안문관과 만리장성이 가로 놓였으며, 계전이라는 새 밖의 광막한 지역과 옛날 치우가 살던 적성도 있다.

在家從父(물여인투)  집에 있을 때에는 아버지를 따르고,
適人從夫(부모우지)  시집 가서는 남편을 따르고,

| 昆 | 冂日尸尸厚昆 | 맏 곤<br>elder brother<br>엘더 부라더<br>あに(コン)<br>아니(곤) | 鉅 | 牟金釦釦鉅 | 클 거<br>great<br>그레이트<br>おおきい(キョ)<br>오오끼이(쿄) |
|---|---|---|---|---|---|
| 昆 | | | 鉅 | | |
| 池 | 丶冫氵汁池 | 못 지<br>pond<br>폰드<br>いけ(チ)<br>이께(찌) | 野 | 甲甲里野野 | 거칠 야<br>wild<br>와일드<br>の(ヤ)<br>노(야) |
| 池 | | | 野 | | |
| 碣 | 石矸矴碣碣碣 | 비 갈<br>stone tablet<br>스톤 타블렛<br>いしぶみ(ゲツ)<br>이시부미(게쯔) | 洞 | 氵汀沪洞洞 | 골 동<br>cave<br>케이브<br>にわ(ドウ)<br>니와(도-) |
| 碣 | | | 洞 | | |
| 石 | 一丆丆石石 | 돌 석<br>stone<br>스톤<br>いし(セキ)<br>이시(세끼) | 庭 | 广广庄庭庭 | 뜰 정<br>yard<br>야드<br>にわ(テイ)<br>니와(데이) |
| 石 | | | 庭 | | |

| | |
|---|---|
| 중국 본토에는 험산 대호 거야가 많은데 못으로는 곤지요, 산으로는 갈석이요, | 들로는 거야요, 호수로는 동정호가 그 대표적이다. |

| 夫死從子(부사종자)<br>是謂三從(시위삼종) | 남편이 죽은 후에는 자식을 따르는 것,<br>이것이 삼종지도 이다. |
|---|---|

| 曠 | 日旷旷旷瞪瞪 | 빌 광<br>wilderness<br>와일더니스<br>ひろい(コウ)<br>히로이(고-) | 巖 | 山严严严巖巖 | 바위 암<br>rock<br>로크<br>いわ(ガン)<br>이와(간) |
|---|---|---|---|---|---|
| 曠 | | | 巖 | | |
| 遠 | 土吉吉袁袁遠 | 멀 원<br>far<br>파<br>とおい(エン)<br>도오이(엔) | 峀 | ·山 岀岀岀峀 | 산굴 수<br>orifice<br>오리피스<br>いわあな(シュウ)<br>이와아나(슈-) |
| 遠 | | | 峀 | | |
| 綿 | 幺糸紆紒綿綿 | 솜 면<br>cotton<br>커튼<br>わた(メン)<br>와따(멘) | 杳 | 一十木杏杳 | 깊을 묘<br>abscure<br>옵스큐어<br>えう(ヨウ)<br>에우(요-) |
| 綿 | | | 杳 | | |
| 邈 | ·豸豸貇貌邈 | 멀 막<br>far off<br>파 오프<br>とおい(バク)<br>도오이(바꾸) | 冥 | 一冖冝冝冥冥 | 어두울 명<br>dark<br>닥크<br>くらい(メイ)<br>구라이(메이) |
| 邈 | | | 冥 | | |
| 변새나 호수의 연못들이 널따랗게 멀리 계속되고 있어서 끝이 없으며, | | | 산과 골짜기는 동굴과도 같아서 깊고 컴컴하다. | | |

元亨利貞 **(원형이정)** 원, 형, 이, 정은
天道之常 **(천도지상)** 하늘의 떳떳함이요,

| | | | |
|---|---|---|---|
| 治 | 竺笁箿節節<br>다스릴 치<br>govern<br>조인트<br>おさめる(ジ)<br>후시(세쯔) | 務 | 一マ予矛務務<br>힘쓸 무<br>endeavour<br>폴 다운<br>つとめる(ム)<br>이따다끼(센) |
| 治 | | 務 | |
| 本 | 一十才本<br>근본 본<br>origin<br>라이쳐스니스<br>もと(ホン)<br>노리(기) | 茲 | 丶冫氵氵氵沛<br>이 자<br>this<br>폴백워드<br>これ(シ)<br>사와(하이) |
| 本 | | 茲 | |
| 於 | 广广庐庐廉廉<br>어조사 어<br>in<br>모디스트<br>おいて(オ)<br>가도(렌) | 稼 | 厂厂厂厂厂厓匪<br>심을 가<br>farming<br>낫<br>うえる(カ)<br>아라즈(히, 비) |
| 於 | | 稼 | |
| 農 | ヨ月艮艮退退<br>농사 농<br>agriculture<br>리트리트<br>たがやす(ノウ)<br>시리조꾸(다이) | 穡 | 广广庐庐庐虜虜<br>거둘 색<br>harvest<br>웨인<br>とりいれ(ショク)<br>가께루(기) |
| 農 | | 穡 | |

나라 다스리는 근본은 농사에 터전을 두면서, | 이 농사에 힘쓴다.

**仁義禮智** (서궤서연) 인, 의, 예, 지는
**人性之綱** (자경기면) 인간 성품의 근본이다.

| | | | |
|---|---|---|---|
| 俶 ㅓㅓ ㅓヒ 扑 非 背 | 비로소 숙<br>beginning<br>백<br>はじめ（シュク）<br>세(하이) | 我 氵氵 汨 浮 浮 | 나 아<br>I<br>플로우트<br>われ（ガ）<br>우까부(후) |
| 俶 | | 我 | |
| 載 ㅡ ㅜ 亡 되 卽 | 실을 재<br>load<br>네임 오브 힐<br>のせる（サイ）<br>야마노나(보-) | 藝 氵氵 泪 渭 渭 | 심을 예<br>plant<br>네임 오브 리버<br>うえる（ゲイ）<br>가와노나(이) |
| 載 | | 藝 | |
| 南 ㅡ ㅜ 丙 兩 面 面 | 남녘 남<br>south<br>훼이스<br>みなみ（ナン）<br>가오(멘) | 黍 扩 掳 掳 據 據 | 기장 서<br>millet<br>디펜드 어펀<br>きび（ショ）<br>요루(교) |
| 南 | | 黍 | |
| 畝 氵氵 汐 沒 洛 洛 | 이랑 묘<br>ridge of fields<br>네임 오브 리버<br>せ（ボウ）<br>가와노나(라꾸) | 稷 氵氵 氵 泗 泗 泗 | 피 직<br>millet<br>플로우 스트레이트<br>きび（ショク）<br>도오루(게이) |
| 畝 | | 稷 | |
| 봄이 오면 남쪽 밭에서 일을 시작하고, | | 나는 기장을 심는다. | |
| **非禮勿視** (언행상위) 예가 아니거든 보지 말고,<br>**非禮勿聽** (욕급우선) 예가 아니거든 듣지 말고, | | | |
| | | | |

| 税 千禾积积税税 | 거둘 세<br>tax<br>텍스<br>みつぎ(ゼイ)<br>미쯔기(제이) | 勸 <sup>十 芓 莋 萑 藋 勸 勸</sup> | 권할 권<br>advice<br>어드바이스<br>すすめる(カン)<br>스스메루(간) |
|---|---|---|---|
| 税 | | 勸 | |
| 熟 <sup>享 孰 孰 熟 熟</sup> | 익을 숙<br>ripe<br>라이프<br>みのる(ジュク)<br>미노루(쥬꾸) | 賞 <sup>一 쓰 쓰 쓰 쓰 쓰 쓰</sup> | 상줄 상<br>prize<br>프라이즈<br>ほめる(ショウ)<br>호메루(쇼-) |
| 熟 | | 賞 | |
| 貢 <sup>一 千 千 千 貢 貢</sup> | 바칠 공<br>offer as tribute<br>어퍼 애즈 트리뷰트<br>みつぎ(コウ)<br>미쯔기(고-) | 黜 <sup>口 里 黑 黑 黜 黜</sup> | 내칠 출<br>spot<br>스포트<br>てん(テン)<br>뎅(덴) |
| 貢 | | 黜 | |
| 新 <sup>立 辛 亲 新 新 新</sup> | 새 신<br>new<br>뉴<br>あたらしい(シン)<br>아다라시이(신) | 陟 <sup>阝 阝 阝 阝 陟 陟</sup> | 오를 척<br>ascend<br>어센드<br>のぼる(チョク)<br>노보루(쬬꾸) |
| 新 | | 陟 | |
| 공세의 의무를 다하면, | | 통치자는 담당관에게 상을 주거나 관위를 올려 포상할 것이며, 그렇지 못할 때에는 담당관을 내쫓는다. | |

非禮勿言(비례물언) 예가 아니거든 말하지 말고,
非禮勿動(비례물동) 예가 아니거든 움직이지 말라.

| | |
|---|---|
| 맹자는 하늘에서 받은 소성을 온전히 하려고 자기의 마음을 도탑게 기르고, | 사어는 정직함을 견지한다. |

孔孟之道 (공맹지도)　공자와 맹자의 도와
程朱之學 (정주지학)　정주의 가르침은

| | | | |
|---|---|---|---|
| 庶 | 土广产产者者都 | 거의 서<br>multitude<br>메트로폴리스<br>ほとんど(ショ)<br>미야꼬(도) | 勞 | 一厂斤車東東 | 수고로울 로<br>toil<br>이스트<br>つかれる(ロウ)<br>히가시(도-) |
| 庶 | | | 勞 | | |
| 幾 | 厂口旦묘므邑 | 거의 기<br>almost<br>타운<br>ほとんど(キ)<br>무라(고-) | 謙 | 一厂厂两西西 | 겸손 겸<br>humble<br>웨스트<br>へりくだる<br>니시(세이) |
| 幾 | | | 謙 | | |
| 中 | 土乒耂丼莘華 | 가운데 중<br>middle<br>샤인<br>なか(チュウ)<br>하나야까(가) | 謹 | 一二 | 삼갈 근<br>careful<br>투<br>つつしむ(ギン)<br>후따쯔(니) |
| 中 | | | 謹 | | |
| 庸 | 一丆百頁頁夏夏 | 가운데 용<br>middle<br>썸머<br>つね(ヨウ)<br>나쯔(가, 게) | 勅 | 一古古古京京 | 칙서 칙<br>imperial command<br>캐피탈<br>みことのり(ソク)<br>미야꼬(교-, 게이) |
| 庸 | | | 勅 | | |
| 자기 분수에 맞추어 겸손하고 과실이 없도록 근신하여, | | | 아무 일에나 착실히 하도록 자기 몸을 경계하고 바로 잡는다. | | |
| 正其誼而 (주경야독) 그 의를 바르게 할 뿐이며,<br>不謀其利 (하례춘식) 그 이익을 꾀하지 아니하고, | | | | | |
| | | | | | |

남의 말을 듣고 그 의중의 이치를 살피며,  또 그 용모와 안색을 거울삼아 그 심중을 분별한다.

明其道而 (고빙득리) 그 도를 밝게 할 뿐이며,
不計其功 (왕상지효) 그 공을 계교하지 아니한다.

| | | | |
|---|---|---|---|
| 貽 ⺆目貝貝貽貽 | 남길 이<br>leave<br>리브<br>のこす(イ)<br>노꼬스(이) | 勉 ⺈ㄣ免免勉 | 힘쓸 면<br>make efforts<br>메이크 에포츠<br>つとめる(ベン)<br>쓰도메루(벤) |
| 貽 | | 勉 | |
| 厥 厂厂厂厂厥厥 | 그 궐<br>the<br>더<br>それ(ケッ)<br>소레(게쓰) | 其 一十廿甘其其 | 그 기<br>that<br>댓<br>その(キ)<br>소노(기) |
| 厥 | | 其 | |
| 嘉 士吉壴喜嘉嘉 | 아름다울 가<br>fine<br>파인<br>よい(カ)<br>요이(가) | 祇 丁示示祇祇祇 | 공경 지<br>respect<br>리스페트<br>つつしむ(シ)<br>쯔쯔시무(시) |
| 嘉 | | 祇 | |
| 猷 ⺈⺆酋酋猷猷 | 꾀 유<br>scheme<br>스킴<br>はかりごと(ユ)<br>하까리고또(유) | 植 十木朾柿植植 | 심을 식<br>plant<br>플랜트<br>うえる(ショク)<br>우에루(쇼꾸) |
| 猷 | | 植 | |
| 그 훌륭한 계모를 남기고, | | 그 삼가하는 마음을 몸에 심기를 힘쓴다. | |
| 終身讓路 (종신양로)<br>不枉百步 (불왕백보) | 남에게 한평생 길을 양보하더라도<br>백 걸음을 굽히지는 않는 것이요, | | |

| | | | |
|---|---|---|---|
| 省 | 살필 성<br>watch<br>워치<br>ㅣ小少少省省<br>かえりみる(セイ)<br>가에리미루(세이) | 寵 | 사랑할 총<br>favour<br>훼이버<br>丶宀宵宵寵寵<br>いつぐしむ(ソウ)<br>이쯔구시무(소-) |
| 省 | | 寵 | |
| 躬 | 몸 궁<br>body<br>바디<br>ㄅ身身身躬躬<br>からだ(キュウ)<br>가라다(규-) | 增 | 더할 증<br>increase<br>인크리즈<br>土圹圹㙍增增<br>ます(ゾウ)<br>마스(조-) |
| 躬 | | 增 | |
| 譏 | 나무랄 기<br>censure<br>센슈어<br>言訐訐謙謙譏<br>そしる(ギ)<br>소시루(기) | 抗 | 겨를 항<br>resist<br>레지스트<br>扌扌扩扩抗抗<br>てむかう(コウ)<br>데무까우(고-) |
| 譏 | | 抗 | |
| 誡 | 경계할 계<br>warn<br>원<br>言言言試試誡<br>いましめる(ケイ)<br>이마시메루(게이) | 極 | 극진할 극<br>utmost<br>어트모스트<br>木朾柯柯極極<br>きわめて(キョク)<br>기와메떼(교꾸) |
| 誡 | | 極 | |
| 사람은 남의 비방하는 말로 자기의 몸을 깊이 살펴야 하고, | | 총애가 더하면 오만해지기 쉬우니 평소에 삼가고 억제하여 잘못을 범하지 않아야 한다. | |
| 終身讓畔 (종신양반)<br>不失一段 (부실일단) | 한평생 밭둑을 양보하더라도<br>일 단보를 잃지는 않을 것이다. | | |
| | | | |

| 殆 위태할 태 dangerous | 林 수풀 림 forest |
| --- | --- |
| 辱 욕할 욕 disgrace | 皐 언덕 고 bank |
| 近 가까울 근 near to | 幸 다행 행 fortunate |
| 恥 부끄러울 치 shame | 卽 곧 즉 immediately |

위태로움과 수치로움은 치욕에 가깝고, 소택이 있는 숲은 즉시 가는 것이 바람직하다.

天開於子 (설리구순) 자시에 하늘이 열리고,
地闢於丑 (맹종지효) 축시에 땅이 열리고,

| | | | |
|---|---|---|---|
| 兩 | 두 량<br>couple<br>섯 아웃<br>ふたつ(リョウ)<br>후사구(도)<br>一十木木朴杜 | 解 | 풀 해<br>untie<br>래커<br>とく(カイ)<br>우루시(시쯔)<br>氵沖沖沖漆漆 |
| 兩 | | 解 | |
| 疏 | 멀 소<br>distant<br>스토크 오브 그레인<br>うとい(ソ)<br>와우(고우)<br>一亠广产产 | 組 | 짤 조<br>compose<br>라이트<br>くむ(ソ)<br>가꾸(쇼)<br>乙 彐 彐 聿 書 書 |
| 疏 | | 組 | |
| 見 | 볼 견<br>see<br>고블리트<br>みる(ケン)<br>쯔보(쇼-)<br>ᄉ 午 金 鈩 鍾 鍾 | 誰 | 누구 수<br>who<br>월<br>たれ(スイ)<br>가베(헤끼)<br>尸 目 旷 睟 辟 壁 |
| 見 | | 誰 | |
| 機 | 틀 기<br>machine<br>어텟취트<br>はた(キ)<br>쯔꾸(레이)<br>圭 耒 耒 耒 隸 隸 | 逼 | 닥칠 핍<br>urge<br>오프 오브 페브릭<br>せまる(ヒツ)<br>다떼이또(교-)<br>幺 糸 紅 紅 經 經 |
| 機 | | 逼 | |
| 소광과 소수가 기회를 보다가, | | 인끈을 풀면 누가 막을 것이랴. | |
| 人生於寅(신체발부)<br>是謂太古(수지부모) | 인시에 사람이 태어나니,<br>이 때를 태고라고 한다. | | |
| | | | |

| | | | |
|---|---|---|---|
| 索 | 찾을 색<br>rope<br>로프<br>さがす(サク)<br>사가스(사꾸) | 沈 | 잠길 침<br>sink<br>씽크<br>しずむ(チン)<br>시즈무(찐) |
| 居 | 살 거<br>dwell<br>드웰<br>いる(キョ)<br>이루(쿄) | 黙 | 잠잠할 묵<br>silent<br>싸이런트<br>だまる(モク)<br>다마루(모꾸) |
| 閑 | 한가할 한<br>leisure<br>레쥬어<br>しずか(カン)<br>시즈까(간) | 寂 | 고요할 적<br>desolate<br>디졸레이트<br>しずか(テキ)<br>시즈까(데끼) |
| 處 | 곳 처<br>place<br>플래이스<br>ところ(ショ)<br>도꼬로(쇼) | 寥 | 고요할 료<br>solitary<br>솔리터리<br>さびしい(リョウ)<br>사비시이(료-) |

산꼴짜기를 찾아 지켜 한가히 살고, 적막한 것을 지켜 정신을 기를 지어다.

**君爲臣綱(군위신강)** 임금은 신하의 근본이 되고,
**父爲子綱(부위자강)** 아버지는 자식의 근본이 되고,

옛사람의 뜻을 책 속에서 구하고, 답답한 마음을 흩어 버리기 위해 노닌다.

夫爲婦綱(부위부강) 남편은 아내의 근본이 되는 것,
是謂三綱(시위삼강) 이것이 삼강이다.

모든 번뇌를 잊어버리고 유유자적하니 즐거운 정은 모여들고,

슬픈 마음은 없어져 초탈한 경지에 도달한다.

父子有親(출불역방)
君臣有義(유필유방)

부모와 자식 사이에는 친함이 있고,
임금과 신하 사이에는 의가 있고,

| | | | |
|---|---|---|---|
| 渠 渠 | 氵汀沪沪渠 | 개천 거<br>drain<br>드레인<br>みぞ(キョ)<br>미조(교) | 園 園 | 冂門周園園 | 동산 원<br>garden<br>가든<br>その(エン)<br>소노(엔) |
| 荷 荷 | 艹艹芢荷荷 | 연 하<br>lotus<br>로터스<br>とし(カ)<br>도시(가) | 莽 莽 | 艹艹艼莽莽 | 풀 망<br>undergrowth<br>언더그로우드<br>くち(ホウ)<br>구사(호-) |
| 的 的 | 亻白白的的 | 맞을 적<br>surely<br>슈어리<br>てき(テキ)<br>데끼(데끼) | 抽 抽 | 扌扣扣抽抽 | 뺄 추<br>pull up<br>풀 업<br>ぬく(チュウ)<br>누꾸(쥬-) |
| 歷 歷 | 厂厃厤厤歷 | 지날 력<br>pass through<br>페스 쓰루<br>へる(レキ)<br>헤루(레끼) | 條 條 | 亻仁攸條條 | 가지 조<br>latral branch<br>레트럴 브렌치<br>えた(ショウ)<br>에따(쇼-) |

연잎의 선명함과,

무성한 초목의 가지를 스치는 미풍소리가 귀에 들리는듯 하다.

**夫婦有別 (부부유별)** 남편과 아내 사이에는 분별이 있고,
**長幼有序 (장유유서)** 어른과 아이 사이에는 차례가 있고,

| | | | |
|---|---|---|---|
| 枇 | 一十木材材枇枇<br>비파 비<br>lute<br>루트<br>びわ（ヒ）<br>비와（히） | 梧 | 一十木杧杧梧<br>오동 오<br>paulownia<br>퍼울로니어<br>あおぎり（ゴ）<br>아오기리（고） |
| 枇 | | 梧 | |
| 杷 | 一十木朼朼杷<br>비파 파<br>lute<br>루트<br>びわ（ハ）<br>비와（하） | 桐 | 一十木桐桐桐<br>오동 동<br>paulownia<br>퍼울로니어<br>あおぎり（トウ）<br>아오기리（도-） |
| 杷 | | 桐 | |
| 晩 | 日旷旷睁晚晚<br>늦을 만<br>late<br>래이트<br>おそい（バン）<br>오소이（반） | 早 | 一ㄱㄲ日旦早<br>이를 조<br>early<br>얼리<br>はやい（ソウ）<br>하야이（소-） |
| 晚 | | 早 | |
| 翠 | 丆ㄱ羽翠翠翠<br>푸를 취<br>green<br>그랜<br>みどり（スイ）<br>미도리（스이） | 凋 | 冫冖冯冯凋凋<br>마를 조<br>wither<br>위더<br>かわく（チョウ）<br>가와꾸（쬬-） |
| 翠 | | 凋 | |
| 비파나무는 겨울이 되어도 잎새가 마르지 않고, | | 오동나무는 일찍 시들어 떨어진다. | |
| 朋友有信 (붕우유신) 벗과 벗 사이에는 신의가 있는 것,<br>是謂五倫 (시위오륜) 이것이 오륜이다. | | | |
| | | | |

| | | | |
|---|---|---|---|
| 陳 | 묵을 진<br>old<br>올드<br>ふるい(チン)<br>후루이(찐)<br>阝阝阡陣陳 | 落 | 떨어질 락<br>fall<br>폴<br>おちる(ラク)<br>오찌루(라꾸)<br>艹艹汫茨落 |
| 陳 | | 落 | |
| 根 | 뿌리 근<br>root<br>루트<br>ね(コン)<br>네(곤)<br>木木村根根 | 葉 | 잎사귀 엽<br>leaf<br>리이프<br>は(ヨウ)<br>하(요-)<br>艹艹苎苹葉 |
| 根 | | 葉 | |
| 委 | 맡길 위<br>entrust<br>인트러스트<br>ゆだねる(イ)<br>유다네루(이)<br>一千禾禾委委 | 飄 | 날릴 표<br>whirl<br>휠<br>つむじかぜ(ヒョウ)<br>쯔무지까제(효-)<br>西西票飄飄 |
| 委 | | 飄 | |
| 翳 | 가릴 예<br>shade<br>쉐이드<br>かざす(エイ)<br>가자스(에이)<br>医医殹翳翳 | 飆 | 나부낄 요<br>flap<br>플랩<br>つむじかぜ(ヨウ)<br>쯔무지까제(요-)<br>名刍刍飐飐 |
| 翳 | | 飆 | |
| 오래된 나무뿌리는 저절로 마르도록 내버려져서, | | 나무잎이 말라서 떨어져 휘날린다. | |

視思必明 (시사필명) 볼 때에는 반드시 밝게 볼 것을 생각하고,
聽思必聰 (청사필총) 들을 때에는 반드시 밝게 들을 것을 생각하고,

| | | | |
|---|---|---|---|
| 遊 | 亠方方方斿遊遊<br>놀 유<br>play<br>플레이<br>あそぶ(ユウ)<br>아소부(고-) | 凌 | 冫冫冫凌凌凌<br>이길 능<br>exceed<br>엑시드<br>しのぐ(リョウ)<br>시노구(료-) |
| 遊 | | 凌 | |
| 鯤 | 丶ク々魚魚鯤鯤<br>고기 곤<br>sea monster<br>시 몬스터<br>おおさかなのな(コン)<br>오오사까나노나(곤) | 摩 | 广广麻麻麼摩<br>만질 마<br>rub<br>러브<br>する(マ)<br>스루(마) |
| 鯤 | | 摩 | |
| 獨 | 丨犭犭犭獨獨獨<br>홀로 독<br>alone<br>어론<br>ひとり(ドク)<br>히또리(도꾸) | 絳 | 幺糹糸終絳絳<br>붉을 강<br>deep red<br>디프 레드<br>あか(コウ)<br>아까(고-) |
| 獨 | | 絳 | |
| 運 | 一冃冒軍運運<br>운전 운<br>transport<br>트렌스포트<br>はこぶ(ウン) | 霄 | 一千千乗霄霄<br>하늘 소<br>sky<br>스카이<br>そら(シュウ)<br>소라(슈-) |
| 運 | | 霄 | |
| 곤새가 마음대로 날개를 펴고 하늘을 운회할 때는, | | 날이 밝아 이른 아침이 되면 동쪽 하늘에 아침 해가 솟아 오른다. | |
| **色思必溫** (색사필온)<br>**貌思必恭** (모사필공) | 낯빛은 반드시 온순하게 할 것을 생각하고,<br>얼굴은 반드시 공손하게 할 것을 생각하고, | | |

| | | | |
|---|---|---|---|
| 耽 | 즐길 탐<br>pleasure<br>플레저<br>たのしむ(カン)<br>아노시무(간) | 寓 | 살 우<br>dwell<br>よせる(グ) |
| 耽 | | 寓 | |
| 讀 | 읽을 독<br>read<br>뤼드<br>よむ(トク)<br>요무(도꾸) | 目 | 눈 목<br>eye<br>아이<br>め(モク)<br>메(모꾸) |
| 讀 | | 目 | |
| 翫 | 구경 완<br>play with<br>플레이 위드<br>けんぶつする(ガン)<br>겐부쯔스루(간) | 囊 | 주머니 낭<br>purse<br>퍼스<br>ふくろ(ノウ)<br>후꾸로(노―) |
| 翫 | | 囊 | |
| 市 | 저자 시<br>market<br>마케트<br>いち(シ)<br>이찌(시) | 箱 | 상자 상<br>box<br>박스<br>はこ(ショウ)<br>하꼬(쇼―) |
| 市 | | 箱 | |

글이란 참으로 지혜와 덕을 주는 보고이며, 독서는 그 보고에 들어설 수 있는 열쇠이다.

**言思必忠** (언사필충) 말을 할 때에는 반드시 충직하게 할 것을 생각하고,
**事思必敬** (사사필경) 일을 계획할 때에는 반드시 삼가할 것을 생각하고,

| 易 | 冂日月日易易 | 쉬울 이<br>easy<br>이지<br>やすい(エキ)<br>야스이(에끼) | 屬 | 尸严严屬屬 | 붙일 속<br>belong<br>빌롱<br>つく(ソク)<br>쯔꾸(소꾸) |
|---|---|---|---|---|---|
| 易 | | | 屬 | | |
| 輶 | 亘車▨軨軨軨 | 가벼울 유<br>light<br>라이트<br>かるい(ユウ)<br>가루이(유-) | 耳 | 一丁丌FF耳 | 귀 이<br>ear<br>이어<br>みみ(ジ)<br>미미(지) |
| 輶 | | | 耳 | | |
| 攸 | 亻亻亻仂攸攸 | 멀 유<br>distant<br>디스턴트<br>ところ(コウ)<br>도꼬로(고-) | 垣 | 十土圬坦垣 | 담 원<br>wall<br>월<br>かき(エン)<br>가끼(엔) |
| 攸 | | | 垣 | | |
| 畏 | 冂田田田畏畏 | 두려울 외<br>fear<br>피어<br>おそれる(エ)<br>오소레루(에) | 墙 | 十土圬坦堷墙 | 담 장<br>wall<br>월<br>かき(ショウ)<br>가끼(쇼-) |
| 畏 | | | 墙 | | |
| | | 경솔한 말을 해서 남의 신상을 헐뜯거나 비방하지 말아야 하는 것은, | | | 남의 귀가 언제나 담벽에 붙어 있는 탓이다. |

疑思必問(의사필문) 의문이 있을 때에는 반드시 묻고,
憤思必難(분사필난) 분노가 일 때에는 더욱 어려워질 것을 생각하고,

110

| | | | |
|---|---|---|---|
| 具 | 一 ㄇ ㅁ 月 且 具 具 | 갖출 구<br>prepare<br>프리페어<br>そなわる(グ)<br>소나와루(구) | 適 | 一 ㅗ 亠 冏 商 商 適 | 맞침 적<br>suitable<br>슈터블<br>かなう(テキ)<br>가나우(데끼) |
| 具 | | | 適 | | |
| 膳 | 月 胪 胖 膳 膳 膳 | 반찬 선<br>food<br>푸드<br>おかず(ゼン)<br>오까즈(젠) | 口 | 一 ㄇ 口 | 입 구<br>mouth<br>마우쓰<br>くち(コウ)<br>구찌(고우) |
| 膳 | | | 口 | | |
| 飡 | ク タ タ ク ク 飡 飡 | 밥 손<br>supper<br>써퍼<br>めし(ソン)<br>메시(손) | 充 | 一 ㅗ 去 才 充 | 채일 충<br>be full<br>비 풀<br>みちる(ジュウ)<br>미찌루(쥬-) |
| 飡 | | | 充 | | |
| 飯 | 今 食 食 飣 飯 飯 | 밥 반<br>cooked rice<br>쿡드 라이스<br>めし(ハン)<br>메시(한) | 腸 | 月 月 胆 胆 腸 腸 | 창자 장<br>bowels<br>바우엘스<br>はらわた(チョウ)<br>하라와따(쬬-) |
| 飯 | | | 腸 | | |
| 잘 요리한 음식을 갖춘 식사를 하면, | | | 입에 맞고 창자를 채운다. | | |
| 見得思義(견득사의)<br>是謂九思(시위구사) | 이득을 얻었을 때에는 의를 생각하는 것,<br>이것이 구사이다. | | | | |

| | | | |
|---|---|---|---|
| 飽 | ⺈ 食 飣 飣 飽<br>배부를 포<br>eat to the full<br>잇 투 더 풀<br>あきる(ホウ)<br>아끼루(호-) | 飢 | ⺈ 飠 飠 飠 飢 飢<br>주릴 기<br>starve<br>스타브<br>うえる(キ)<br>우에루(기) |
| 飽 | | 飢 | |
| 飫 | ⺈ 仝 自 飠 飣 飫<br>배부를 어<br>eat too much<br>잇 투 마취<br>あきる(ヨ)<br>아끼루(요) | 厭 | 厂 厂 肩 厭 厭 厭<br>싫을 염<br>dislike<br>디스라이크<br>きらい(エン)<br>기라이(엔) |
| 飫 | | 厭 | |
| 烹 | 一 亠 古 古 亨 亨 烹<br>삶을 팽<br>boil<br>보일<br>にる(ホウ)<br>니루(호-) | 糟 | ⺍ 米 粝 粝 粝 糟 糟<br>재강 조<br>dregs<br>드레그즈<br>かず(ソウ)<br>가즈(소-) |
| 烹 | | 糟 | |
| 宰 | 一 宀 宀 宝 宰 宰<br>재상 재<br>ruler<br>룰러<br>つかさとる(サイ)<br>쯔까사또루(사이) | 糠 | ⺍ 米 粦 粦 粦 糠 糠<br>겨 강<br>chaff<br>세프<br>ぬか(コウ)<br>누까(고-) |
| 宰 | | 糠 | |
| 배가 채워져 있을 때는 사치스러운 음식도 싫증이<br>나는 법이고, | | 굶주렸을 때는 술찌끼와 겨 같은 조식으로도 만족하<br>게 생각한다. | |

足容必重 (족용필중)　발은 반드시 무겁게 하고,
手容必恭 (수용필공)　손은 반드시 공손히 하고,

| 親 | 立 亲辛新 親親<br>친할 친<br>intimate<br>인티메이트<br>したしい(シン)<br>시따시이(신) | 老 | 一十土耂老老<br>늙을 로<br>old<br>올드<br>おいる(ロウ)<br>오이루(로-) |
|---|---|---|---|
| 親 | | 老 | |
| 戚 | 厂厂厉厉厉戚戚<br>겨레 척<br>relatives<br>렐라티브스<br>みうち(セキ)<br>미우찌(세끼) | 少 | 丿小小少<br>적을 소<br>a few<br>어 퓨<br>すくない(ショウ)<br>스꾸나이(쇼-) |
| 戚 | | 少 | |
| 故 | 十古古古古故故<br>옛 고<br>ancient<br>앤션트<br>ゆえに(コ)<br>유에니(고) | 異 | 口田田界異異<br>다를 이<br>different<br>디프런트<br>ことなる(イ)<br>고또나루(이) |
| 故 | | 異 | |
| 舊 | 艹艹雈雈舊舊舊<br>예 구<br>old<br>올드<br>ふるい(ク)<br>후루이(구) | 糧 | 米料料粗粗糧糧<br>양식 량<br>food<br>푸드<br>かて(リョウ)<br>가떼(료-) |
| 舊 | | 糧 | |
| 부자와 형제간에도 예의를 바로해야 하며, 또 친척 구지간에도 그러하려니와, | | 늙은이와 젊은이간에도 그 음식이 달라야 한다. | |

目容必端(목용필단) 눈은 반드시 단정히 하고,
口容必止(구용필지) 입은 반드시 다물고,

| | | | |
|---|---|---|---|
| 妾 | 一亠ナ女妾妾<br>妾 | 첩 첩<br>concubine<br>콘쿠바인<br>めかけ(ショウ)<br>메까께(쇼-) | 侍 | 亻仁仕侍侍<br>侍 | 모실 시<br>serve<br>써브<br>はべる(ジ)<br>하베루(지) |
| 御 | 彳彳件徉徣御御<br>御 | 모실 어<br>drive a chariot<br>드라이브 어 체리엇<br>ぎょする(ゴ)<br>교스루(고) | 巾 | 丨冂巾<br>巾 | 수건 건<br>towel<br>타월<br>ふきん(キン)<br>후낀(낀) |
| 績 | 糸糸紵紵績績績<br>績 | 길쌈 적<br>spin thread<br>스핀 스레드<br>つむぐ(セキ)<br>쓰무구(세끼) | 帷 | 丨巾忄忄忄帷帷<br>帷 | 장막 유<br>curtain<br>커텐<br>とばり(イ)<br>도바리(이) |
| 紡 | 丶幺糸紅紡紡<br>紡 | 길쌈 방<br>spin<br>스핀<br>つむぐ(ボウ)<br>쓰무구(보-) | 房 | 丨ㄱ戶戶房房<br>房 | 방 방<br>room<br>룸<br>へや(ボウ)<br>헤야(보-) |

남편이 벌어다 준 것만으로 편안함을 구하지 않는, 애정이 담긴 처첩의 성실과 근면성을 말한다.

**聲容必靜**(성용필정) 음성은 반드시 고요히 하고,
**氣容必肅**(기용필숙) 숨 쉬는 모습은 반드시 엄숙히 하고,

| | | | |
|---|---|---|---|
| 紈 | 흰깁 환<br>white silk<br>화이트 씰크<br>しろぎぬ(カン)<br>시로기누(간) | 銀 | 은 은<br>silver<br>실버<br>しろがね(ギン)<br>시로가네(긴) |
| 紈 | | 銀 | |
| 扇 | 부채 선<br>fan<br>팬<br>おうぎ(セン)<br>오우기(센) | 燭 | 촛불 촉<br>candle<br>캔들<br>ともしび(ショク)<br>도모시비(쇼꾸) |
| 扇 | | 燭 | |
| 圓 | 둥글 원<br>round<br>라운드<br>まるい(エン)<br>마루이(엔) | 煒 | 빛날 휘<br>bright<br>브라이트<br>あきらか(イ)<br>이끼라까(이) |
| 圓 | | 煒 | |
| 潔 | 맑을 결<br>pure<br>퓨어<br>いさぎよい(ケツ)<br>이사기요이(게쯔) | 煌 | 빛날 황<br>shine<br>샤인<br>かがやく(コウ)<br>가가야꾸(고-) |
| 潔 | | 煌 | |
| 흰 비단으로 만든 부채는 둥글고 깨끗하며, | | 휘황한 은촉은 밝게 빛난다. | |

頭容必直(두용필직) 머리는 반드시 곧게 하고,
立容必德(입용필덕) 서 있는 모습은 반드시 덕 있게 하고,

| 畫 낮 주 daytime 대이타임 ひる(チュウ) 히루(쥬-) | 藍 쪽 남 indigo 인디고 あい(ラン) 아이(란) |
| --- | --- |
| 眠 졸 면 sleep 슬립 ねむる(メン) 네무루(멘) | 筍 댓순 순 bamboo shoot 뱀부 슈트 たけのこ(ジュン) 다께노고(쥰) |
| 夕 저녁 석 evening 이브닝 ゆうべ(セキ) 유우베(세끼) | 象 코끼리 상 elephant 엘리펀트 ぞう(ショウ) 조-(쇼-) |
| 寐 잘 매 sleep 슬맆 ねる(ビ) 네루(비) | 床 상 상 board 보드 ゆか(ジョウ) 유까(죠-) |

낮에는 낮잠을 자고 밤에는 밤대로 자되,  남순과 상상에서 잔다.

**色容必莊** (색용필장) 얼굴은 반드시 씩씩하게 하는 것,
**是謂九容** (시위구용) 이것이 구용이다.

| | | | |
|---|---|---|---|
| 絃 | 줄 현<br>string<br>스트링<br>いと(ケン)<br>이또(겐) | 接 | 접할 접<br>succeed to<br>썩씨이드 투<br>まじわる(セツ)<br>마지와루(세쯔) |
| 歌 | 노래 가<br>song<br>쏭<br>うた(カ)<br>우따(가) | 杯 | 잔 배<br>cup<br>컵<br>さかずき(ハイ)<br>사까즈끼(하이) |
| 酒 | 술 주<br>wine<br>와인<br>さけ(シュ)<br>사께(슈) | 擧 | 들 거<br>lift<br>리프트<br>あげる(キョ)<br>아게루(쿄) |
| 讌 | 잔치 연<br>feast<br>피스트<br>さかもり(エン)<br>사까모리(엔) | 觴 | 잔 상<br>goblet<br>고브렛<br>さかずき(ショウ)<br>사까즈끼(쇼-) |

주연은 현악기와 어울려서 노래하고, 술잔을 서로 주기도 받기도 한다.

修身齊家(수신제가) 몸을 닦고 집안을 정제하는 것은,
治國之本(치국지본) 나라를 다스리는 근본이고,

빈객을 불러모아 술을 마시다가 흥이 났을 때에는 음악에 맞추어 춤을 추니,

기쁘고 즐거우며 마음이 유쾌하게 된다.

**士農工商 (사농공상)** 선비와 농군과 공인과 상인은
**國家利用 (국가이용)** 나라의 이로움이다.

| 嫡 | 만 적<br>legal wife<br>리갈 와이프<br>女妒妒妒嫡嫡嫡<br>ほんさい(チャク)<br>혼사이(짜꾸) | 祭 | 제사 제<br>service<br>서어비스<br>ク夕タ奴祭祭<br>まつり(サイ)<br>마쯔리(사이) |
|---|---|---|---|
| 嫡 | | 祭 | |
| 後 | 뒤 후<br>after<br>에프터<br>彳彳彳後後後<br>のち(ゴ)<br>노찌(고) | 祀 | 제사 사<br>service<br>서어비스<br>二丁亓礻礻祀祀<br>まつり(シ)<br>마쯔리(시) |
| 後 | | 祀 | |
| 嗣 | 이을 사<br>succeed<br>썩시이드<br>口 吕 昂 嗣 嗣 嗣<br>つぐ(サ)<br>쯔꾸(사) | 蒸 | 찔 증<br>steam<br>스팀<br>艹芏芲茲蒸蒸<br>むす(ジョウ)<br>무스(죠-) |
| 嗣 | | 蒸 | |
| 續 | 이을 속<br>connect<br>코넥트<br>糸紆絆綪繪續續<br>つぐ(ソク)<br>쯔꾸(소꾸) | 嘗 | 이마 상<br>forehead<br>퍼리드<br>⺍ 严 尚 尚 嘗 嘗<br>ひたい(ソウ)<br>히따이(소-) |
| 續 | | 嘗 | |
| 정실이 낳은 아들은 가계를 계승하고, | | 증상의 제사도 지낸다. | |

鰥孤獨寡 **(환고독과)** 홀아비와 과부와 고아와 자식없는 늙은이를
謂之四窮 **(위지사궁)** 사궁이라고 하고,

| | | | |
|---|---|---|---|
| 稽 | 禾禾禾禾稻稻稻<br>조아릴 계<br>bow<br>바우<br>かんがえる(ケイ)<br>강가에루(게이) | 悚 | 亻亻忄忄忄悚<br>두려울 송<br>terrified<br>테리화이트<br>おそれる(ソ)<br>오소레루(소) |
| 稽 | | 悚 | |
| 顙 | 丆叒桑桑顙顙<br>맛볼 상<br>taste<br>테이스트<br>なめる(ゾウ)<br>나메루(조-) | 懼 | 亻忄忄忄忄懼懼<br>두려울 구<br>fearful<br>피어풀<br>おそれる(ク)<br>오소레루(구) |
| 顙 | | 懼 | |
| 再 | 一丆冂冃再再<br>두 재<br>again<br>어게인<br>ふたたび(サイ)<br>후따따비(사이) | 恐 | 工卂卭卭恐恐<br>두려울 공<br>fearful<br>피어풀<br>おそれる(ク)<br>오소레루(구) |
| 再 | | 恐 | |
| 拜 | 二千千千拝拜<br>절 배<br>bow<br>바우<br>おがむ(ハイ)<br>오가무(하이) | 惶 | 亻忄忄忄悍悍惶<br>두려울 황<br>fearful<br>피어풀<br>おそれる(キョ)<br>오소레루(교) |
| 拜 | | 惶 | |
| 적후사속을 받아서 부모의 상을 당했을 때 하는 절을 | | 매우 두려워하다. | |

**發政施仁**(발정시인) 정사를 펴고 인을 베풀되,
**先施四者**(선시사자) 사궁에게 먼저 베풀어야 한다.

남과 편지할 때에는 번잡하지 않게 요점만 따라서 간략히 하며,

웃사람에게 대답할 때는 겸허한 태도로 좌우를 돌아보며 자세하게 대답해야 한다.

十室之邑 (십실지읍) 열 집 되는 작은 마을에도
必有忠信 (필유충신) 반드시 충성스럽고 신의 있는 사람이 있다.

| | | | |
|---|---|---|---|
| 骸 | 骨骨骨骸骸<br>뼈 해<br>bone<br>본<br>ほね(ガイ)<br>호네(가이) | 執 | 土幸幸執執<br>잡을 집<br>take<br>테이크<br>とる(シツ)<br>도루(시쯔) |
| 骸 | | 執 | |
| 垢 | 土圵圩垢垢<br>때 구<br>dirt<br>더트<br>あか(ク)<br>아까(구) | 熱 | 土去執執熱<br>더울 열<br>hot<br>핫<br>あつい(ネツ)<br>아쯔이(네쯔) |
| 垢 | | 熱 | |
| 想 | 十木相相想想<br>생각 상<br>imagine<br>이매진<br>おもう(ソウ)<br>오모우(소-) | 願 | 厂厅原原願願<br>원할 원<br>want<br>원트<br>ねがう(ガン)<br>네가우(간) |
| 想 | | 願 | |
| 浴 | 氵沪浴浴浴<br>목욕 욕<br>bathe<br>뱃스<br>あびる(ヨク)<br>아비루(요꾸) | 凉 | 冫广冫冫凉凉<br>서늘할 량<br>cool<br>쿨<br>すずしい(リョ)<br>스즈시이(료) |
| 浴 | | 凉 | |
| 몸에 낀 때를 보면 목욕할 것을 생각하고, | | 뜨거운 것을 손에 잡으면, 차가운 것을 원한다. | |

元是孝者(원시효자)  본래 효라는 것은
爲仁之本(위인지본)  인을 행하는 근본이다.

| | | | |
|---|---|---|---|
| 驢 | 馬馬馬馬驢驢<br>나귀 려<br>ass 애스<br>ろば(リョ) 로보(료) | 駭 | 馬馬駭駭駭<br>놀랄 해<br>startle 스타틀<br>おどろく(ガイ) 오도로꾸(가이) |
| 驢 | | 駭 | |
| 騾 | 馬馬馬騾騾<br>노새 라<br>mule 뮬<br>らば(ラ) 라바(라) | 躍 | 跟跟跟躍躍<br>뛸 약<br>leap 립프<br>こえる(ヤク) 고에루(야꾸) |
| 騾 | | 躍 | |
| 犢 | 牛牛牛犢犢<br>송아지 독<br>calf 카프<br>こうし(トク) 고우시(도꾸) | 超 | 土走起超超<br>뛸 초<br>leap over 립프 오우버<br>こえる(チョウ) 고에루(쬬ー) |
| 犢 | | 超 | |
| 特 | 一十牛牛特特<br>특별할 특<br>special 스페셜<br>とくべつ(トク) 도꾸베쯔(도꾸) | 驤 | 馬馬驤驤驤<br>달릴 양<br>run 런<br>はしる(ジョウ) 하시루(쬬ー) |
| 特 | | 驤 | |
| 나귀와 노새, 송아지와 황소는, | | 뛰고 노는 모습이 고개를 솟구쳐 위로 넘는다. | |

**言則信實**(언즉신실) 말은 믿음 있고 참되어야 하고,
**行必正直**(행필정직) 행실은 반드시 정직해야 한다.

| | | | |
|---|---|---|---|
| 誅 | 벨 주<br>punish<br>퍼니쉬<br>うつ(チュウ)<br>우쯔(쥬-) | 捕 | 잡을 포<br>catch<br>켓취<br>つかまる(ホ)<br>쯔까마루(호) |
| 誅 | | 捕 | |
| 斬 | 벨 참<br>behead<br>비헤드<br>きる(サン)<br>기루(산) | 獲 | 얻을 획<br>take in hunting<br>테이크 인 헌팅<br>える(カク)<br>에루(가꾸) |
| 斬 | | 獲 | |
| 賊 | 도둑 적<br>thief<br>디프<br>ぬすびと(テキ)<br>누스비또(데끼) | 叛 | 반할 반<br>rebel<br>레벨<br>そむく(ハン)<br>소무꾸(한) |
| 賊 | | 叛 | |
| 盜 | 도둑 도<br>thief<br>디프<br>とろぼう(トウ)<br>도로보-(도-) | 亡 | 도망 망<br>run<br>런<br>ほろびる(ボウ)<br>호로비루(보-) |
| 盜 | | 亡 | |
| 적도는 마땅히 주참으로 엄벌해야 하고, | | 나라를 배반하고 도망한 자는 포박해야 한다. | |

一粒之穀 **(일립지곡)** 한 알의 곡식이라도
必分以食 **(필분이식)** 반드시 서로 나누어 먹어야 하고,

여포의 궁술과 웅의료의 농환이고, 혜강의 거문고와 완적의 휘파람이다.

一縷之衣(일루지의) 한 벌의 옷이라도
必分以衣(필분이의) 반드시 서로 나누어 입어야 한다.

| | | | |
|---|---|---|---|
| 恬 | 一忄忄忄忄恬<br>편안 염<br>peaceful<br>피스플<br>やすらか(エン)<br>야스라까(엔) | 鈞 | 人 스 수 金 鈞 鈞<br>고를 균<br>equal<br>이퀄<br>ひとしい(キン)<br>히또시이(긴) |
| 恬 | | 鈞 | |
| 筆 | ノ ト ト 竺 竺 筆 筆<br>붓 필<br>brush<br>브러쉬<br>ふで(ヒツ)<br>후데(히쯔) | 巧 | 一 T I 丁 丂 巧<br>재주 교<br>skill<br>스킬<br>たくみ(キョ)<br>다꾸미(교) |
| 筆 | | 巧 | |
| 倫 | ノ イ 亻 伶 伶 倫 倫<br>인륜 륜<br>morals<br>모랄스<br>たくい(リン)<br>다꾸이(린) | 任 | ノ イ 亻 亻 仟 任<br>맡길 임<br>appoint<br>어포인트<br>まかせる(リン)<br>마까세루(린) |
| 倫 | | 任 | |
| 紙 | 幺 糸 糸 紅 紙 紙<br>종이 지<br>paper<br>페이퍼<br>かみ(ジ)<br>가미(지) | 釣 | 人 스 수 金 釣 釣<br>낚시 조<br>fishing<br>휘싱<br>つる(チョウ)<br>쯔루(쬬-) |
| 紙 | | 釣 | |
| 몽염이 바로 붓을 만들었으며 채륜이 종이를 만들고, | | 마균은 교묘한 재주, 임공자는 낚시질로 유명하다. | |

積善之家 (적선지가) 선을 쌓은 집안에는
必有餘慶 (필유여경) 반드시 더 할 경사가 있고,

어지러운 것을 해결하는 것은 세인을 이롭게 하고, 아울러 모두가 아름답고 절묘하다.

積惡之家 (적악지가) 악을 쌓은 집안에는
必有餘殃 (필유여앙) 반드시 더 할 재앙이 있다.

| | | | |
|---|---|---|---|
| 毛 | 一二三毛 | 터럭 모<br>hair<br>헤어<br>け(モウ)<br>게(모-) | 工 | 一丁工 | 장인 공<br>artisan<br>아티잔<br>たくみ(コ)<br>다꾸미(고) |
| 毛 | | | 工 | | |
| 施 | ⼂方扩㫃㫃施 | 베풀 시<br>grant<br>그렌트<br>ほどこす(シ)<br>호도꼬스(시) | 頻 | 步一步步頻頻頻 | 찡그릴 빈<br>knit the brows<br>닛 더 부라우즈<br>しかめる(ヒン)<br>시까메루(힌) |
| 施 | | | 頻 | | |
| 淑 | 冫汈汁沐淑淑 | 맑을 숙<br>pure<br>퓨어<br>しとやか(シュク)<br>시또야까(슈꾸) | 姸 | 女女妍妍妍妍 | 고을 연<br>beautiful<br>뷰티플<br>なまめかしい(レン)<br>나마메까시이(렌) |
| 淑 | | | 姸 | | |
| 姿 | ⼂广次次姿姿 | 모양 자<br>figure<br>피겨<br>すがた(シ)<br>스가따(시) | 笑 | ⼂⺮竺竺笶笑 | 웃음 소<br>laugh<br>래프<br>わらう(ソ)<br>와라우(소) |
| 姿 | | | 笑 | | |

모장과 서시는 다같이 절세 미인으로 기뻐할 때의 웃음은 말할 것도 없고,

얼굴을 찌푸릴 때조차 그 모습은 그대로 천하미인이다.

非我言老 (비아언로) 내 말이 늙은이의 망령이라고 하지 말아라.
惟聖之謨 (유성지모) 다만 성인의 법도 이니,

| 年 | ノ ノ 느 느 느 年年 | 해 년<br>year<br>이어<br>とし(ネン)<br>도시(넨) | 義 | 羊 羊 美 義 義 | 기운 희<br>spirit<br>스피리트<br>せいしん(ギ)<br>세이신(기) |
|---|---|---|---|---|---|
| 年 | | | 義 | | |
| 矢 | ノ ノ 느 느 午 矢 | 살 시<br>arrow<br>에로우<br>や(シ)<br>야(시) | 暉 | 日 日＾ 旷 暉 暉 暉 | 빛날 휘<br>brightness<br>브라이트니스<br>ひかり(キ)<br>히까리(기) |
| 矢 | | | 暉 | | |
| 每 | ノ 一 仁 勺 句 每 每 | 매양 매<br>every<br>에브리<br>ことに(マイ)<br>고도니(마이) | 朗 | 一 ᄏ 自 良 朗 朗 | 밝을 랑<br>bright<br>브라이트<br>あからめ(ロウ)<br>아까라메(로-) |
| 每 | | | 朗 | | |
| 催 | ノ 亻 仵 併 催 催 | 재촉 최<br>urge<br>もよおす(サイ) | 曜 | 日 日＾ 旷 旷 旷 曜 曜 | 빛날 요<br>dazzle<br>대즐<br>ひかる(ヨウ)<br>히까루(요-) |
| 催 | | | 曜 | | |
| 세월은 화살같이 시시각각 운행하여 다시 되돌아오지 않으나, | | | 일광과 월광은 밝게 비치기만 하는구나. | | |
| 嗟嗟小子(차차소자)<br>敬受比書(경수차서) | | 슬프다, 아이들아,<br>공손한 마음으로 이글을 받아 수업하여라. | | | |

| | | | |
|---|---|---|---|
| 旋 | 方方方旋旋<br>구슬 선<br>gem<br>젬<br>たま(セン)<br>다마(센) | 晦 | 日旳旳晦晦<br>그믐 회<br>last day of month<br>라스트 데이 오브 먼스<br>みそか(カイ)<br>미소까(카이) |
| 旋 | | 晦 | |
| 璣 | 王王玨璣璣<br>구슬 기<br>pearl<br>펄<br>たま(ギ)<br>다마(기) | 魄 | 白的甪魄魄<br>넋 백<br>soul<br>쏠<br>たましい(コン)<br>다마시이(곤) |
| 璣 | | 魄 | |
| 懸 | 目且県縣縣<br>달 현<br>hang<br>행<br>かける(ケン)<br>가게루(겐) | 環 | 王玨環環環<br>고리 환<br>ring<br>링<br>たまき(カン)<br>다마끼(간) |
| 懸 | | 環 | |
| 斡 | 十卓卓幹幹<br>돌 알<br>go round<br>고우 라운드<br>めぐる(アツ)<br>메구루(아쯔) | 照 | 日昭昭昭照<br>비칠 조<br>illumine<br>일류민<br>てらす(ショウ)<br>데라스(쇼ー) |
| 斡 | | 照 | |
| 혼천의는 매달리어 둥글둥글 돌고, | | 그믐에 달이 숨어서 그 실체가 빛을 내지 않다가 선회하여 다시 빛이 비친다. | |

## 勸學文 (권학문)

勿謂今日不學而有來日
(물위금일불학이유내일)
오늘 배우지 않아도 내일이 있다고 이르지 말며,

| 指 | ㅗㅓㅏㅗ 指 指 | 손가락 지<br>finger<br>핑거<br>ゆび(シ)<br>유비(시) | 永 | 、j 亓 永 永 | 길 영<br>eternal<br>이터널<br>ながい(エイ)<br>나가이(에이) |
|---|---|---|---|---|---|
| 指 | | | 永 | | |
| 薪 | 艹 芒 萨 薪 薪 | 섶 신<br>firwood<br>퍼우드<br>たきぎ(シン)<br>다끼기(신) | 綏 | 纟 糸 糸 綏 綏 | 편안할 유<br>peaceful<br>피스풀<br>やすい(スイ)<br>야스이(스이) |
| 薪 | | | 綏 | | |
| 修 | 亻 亻 亻 攸 修 | 닦을 수<br>cultivate<br>컬티베이트<br>おさめる(シュ)<br>오사메루(슈) | 吉 | 一 十 士 吉 吉 | 길할 길<br>lucky<br>럭키<br>よい(キツ)<br>요이(기쯔) |
| 修 | | | 吉 | | |
| 祐 | 一 亍 亓 礻 祐 祐 | 도울 우<br>protect<br>푸로텍트<br>さいわい(ウ)<br>사이와이(우) | 邵 | フ カ 刀 召 邵 邵 | 높을 소<br>lofty<br>로프티<br>たかい(ソ)<br>다까이(소) |
| 祐 | | | 邵 | | |
| 몸을 닦으면 하늘의 복록을 받아 행복을 누리면서 생명의 무궁함을 알고, | | | 복록을 받고 행실이 선량하면 길이 편안하다. | | |

勿謂今年不學而有來年<br>
(물위금년불학이유내년)<br>
금년에 배우지 않아도 내년이 있다고 이르지 말아라.<br>
日月逝矣歲不我進<br>
(일월서의세불아진)<br>
날과 달은 가고, 세월은 나와함께 늦어지지 않으니,

| 矩 | ノ 矢 矢 矩 矩 矩 | 곡자 **구**<br>square<br>스퀘어<br>さしがね(ク)<br>사시가네(구) | 俯 | ノ 亻 仁 俨 俯 俯 | 구부릴 **부**<br>bow down<br>바우 다운<br>ふす(ソ)<br>후스(소) |
|---|---|---|---|---|---|
| 矩 | | | 俯 | | |
| 步 | 丨 ト 止 斗 舌 步 | 걸음 **보**<br>walk<br>워크<br>あるく(ボ)<br>아루꾸(보) | 仰 | ノ 亻 仁 仰 仰 | 우러를 **앙**<br>adore<br>아도어<br>あおぐ(アン)<br>아오구(앙) |
| 步 | | | 仰 | | |
| 引 | 一 コ 弓 引 | 이끌 **인**<br>pull<br>풀<br>ひく(イン)<br>히꾸(인) | 廊 | 广 庐 序 庐 廊 廊 | 행랑 **랑**<br>corridor<br>코리도<br>ひさし(ロウ)<br>히사시(로-) |
| 引 | | | 廊 | | |
| 領 | ^ 今 刍 領 領 領 | 거느릴 **령**<br>command<br>커맨드<br>おさめる(レイ)<br>오사메루(레이) | 廟 | 广 庐 庐 廊 廟 廟 | 사당 **묘**<br>shrine<br>슈라인<br>たまや(ミョ)<br>다마야(묘) |
| 領 | | | 廟 | | |
| 걸음걸이는 법도에 맞게 하고, | | | 임금을 대하는 자세와 태도는 부앙이 뚜렷해야 한다. | | |

嗚呼老矣是誰之懲
**(오호노의시수지징)**
슬프다, 늙어서 후회한들 이것이 뉘 허물이겠는가.
少年易老學難成
**(소년이로학난성)**
소년은 늙기 쉽고, 배움은 이루기 어려우니,

| | | | |
|---|---|---|---|
| 束 | 一丆丏束束<br>묶을 속<br>bind<br>바인드<br>たば(ソク)<br>다바(소꾸) | 徘 | ノ彳彳彳彳彳徘<br>배회 배<br>wander<br>원더<br>うろつく(ハイ)<br>우로쯔꾸(하이) |
| 束 | | 徘 | |
| 帶 | 一丗丗丗帶帶<br>띠 대<br>belt<br>벨트<br>おび(タイ)<br>오비(다이) | 徊 | ノ彳彳彳彳彳徊徊<br>배회 회<br>wander<br>원더<br>さまよう(カイ)<br>사마요우(가이) |
| 帶 | | 徊 | |
| 矜 | マ ス 予 ㄕ ㄕ 矜矜<br>자랑 긍<br>be proud<br>비 프라우드<br>ほこる(キョウ)<br>호고루(교ー) | 瞻 | 丨刂刂广疒疒疒瞻瞻<br>볼 첨<br>look up<br>룩크 엎<br>みあげる(セン)<br>미아게루(센) |
| 矜 | | 瞻 | |
| 莊 | 一艹艹艹扩扩莊莊<br>씩씩할 장<br>vigorous<br>비거러스<br>おごそか(ソウ)<br>오고소까(소ー) | 眺 | 丨刂刂刂刂刂眺眺<br>볼 조<br>look<br>룩크<br>ながめる(チョウ)<br>나가메루(쬬) |
| 莊 | | 眺 | |
| 속대와 예복은 정중하게 하고, | | 좌우로 어정거리거나 상하로 부앙하고 먼 곳을 바라 봄은 공경을 잃는 일이다. | |

一寸光陰不可輕
(일촌광음불가경)
짧은 시간이라도 가벼이 여기지 마라.
未覺池塘春草夢
(미각지당춘초몽)
연못가에 봄풀이 돋아나는 것을 미처 깨닫지 못했는데,

| 孤 | 외로울 고 / lonely / 로운리 / ひとりぼっち(コ) / 히또리뿟찌(고) | 愚 | 어리석을 우 / stupid / 스튜피드 / おろか(グ) / 오로까(구) |
|---|---|---|---|
| 陋 | 더러울 루 / vile / 봐일 / いやしい(ロウ) / 이야시이(로-) | 蒙 | 어릴 몽 / young / 영 / こうむる(ボウ) / 고-무루(보-) |
| 寡 | 적을 과 / little / 리틀 / すくない(カ) / 스꾸나이(가) | 等 | 무리 등 / grade / 그래이드 / ひとしい(トウ) / 히또시이(도-) |
| 聞 | 들을 문 / hear / 히어 / きく(モン) / 기꾸(몬) | 誚 | 꾸짖을 초 / blame / しかる(セウ) |

홀로 이룬 비소한 견해로는 무지라는 비방을 면치 못할 것이니,   좁은 지식을 떠나서 항상 상대에게 배워야 한다.

**階前梧葉已秋聲**
(계전오엽이추성)
뜰 앞의 오동잎이 벌써 가을 소리를 전하는구나.

| | | | |
|---|---|---|---|
| 謂 | 이를 위<br>speak of<br>스피크 오브<br>いう(イ)<br>이우(이) | 焉 | 어찌 언<br>how<br>하우<br>なんぞ(エン)<br>난조(엔) |
| 謂 | | 焉 | |
| 語 | 말씀 어<br>words<br>워즈<br>かたる(ゴ)<br>가따루(고) | 哉 | 비로소 재<br>for the first time<br>포 더 퍼스타임<br>かな(サイ)<br>가나(사이) |
| 語 | | 哉 | |
| 助 | 도울 조<br>help<br>헬프<br>たすける(ジョ)<br>다스께루(죠) | 乎 | 부를 호<br>exclamation<br>익스클러메이션<br>か(コ)<br>가(고) |
| 助 | | 乎 | |
| 者 | 놈 자<br>person<br>퍼선<br>もの(シャ)<br>모노(샤) | 也 | 잇기 야<br>how<br>하우<br>なり(ヤ)<br>나리(야) |
| 者 | | 也 | |
| (앞의 글에서 삼라만상의 자리와 사람된 도리를 광범하게 가르치고 나서, | | 이 글에서는 언, 제, 호, 야의 네 글자로 그 결말을 맺었다.) | |